21世紀文明と大乗仏教

海外諸大学での講演選集

池田大作

第三文明社　レグルス文庫235

ハーバード大学での講演　1993年９月24日（写真：右からコックス教授、ガルブレイス博士、左端はヤーマン教授）

目次

21世紀文明と大乗仏教……ハーバード大学（'93・9・24）……9
東西における芸術と精神性……フランス学士院（'89・6・14）……37
人間――大いなるコスモス……モスクワ大学（'94・5・17）……65
不戦世界を目指して……ガンジー記念館（'92・2・11）……97
――ガンジー主義と現代
21世紀と東アジア文明……中国社会科学院（'92・10・14）……127
人間主義の最高峰を仰《あお》ぎて……トリブバン大学（'95・11・2）……153
――現代に生きる釈尊
ソフト・パワーの時代と哲学……ハーバード大学（'91・9・26）……177
――新たな日米関係を開くために

〔凡例〕

一、本書は、著者の了解を得て、聖教新聞社発行の『21世紀文明と大乗仏教—海外諸大学講演集』（一九九六年五月三日、第一刷）に収録された二十七篇の講演のなかから、七篇を選んで収録したものである。

一、この七篇は、後に聖教新聞社発行の『池田大作全集』第2巻（一九九九年一月二日、第一刷）に収録されており、本書の校訂はこの全集第2巻によった。

一、本文中の肩書、時節等については、講演時のままにした。

一、講演の年月日については、現地時間で示した。

一、御書の引用は『新編日蓮大聖人御書全集』（創価学会版、二七五刷）により、（御書　ページ）で示した。

一、その他の引用は、そのつど書名を挙げた。引用のさい、読みにくい漢字にはふりがなを施し、旧字体を新字体に、歴史的かなづかいを現代かなづかいに直したものもある。

一、（　）内の=の後に記した注は、全集第2巻によった。

21世紀文明と大乗仏教

——海外諸大学での講演選集

21世紀文明と大乗仏教

ハーバード大学記念講演

（写真＝ハーバード大学）

あまりにもすばらしき晴天の本日、アメリカ最古の伝統を誇《ほこ》るハーバード大学へ、二年前に引き続き、再びお招きいただいたことは、私の無上の光栄であり、ヤーマン教授、コックス教授、ガルブレイス名誉教授をはじめ、関係者の方々に深く感謝申し上げます。ありがとうございました。

ギリシャの哲人ヘラクレイトスは、「万物は流転《るてん》する」（パンタ・レイ）との有名な言葉を残しました。

確かに、人間界であれ自然界であれ、すべては変化、変化の連続であり、一刻《いっこく》も同じ状態にとどまっているものはない。どんなに堅牢《けんろう》そうな金石であっても、長いスパン（間隔《かんかく》）で見れば、歳月による摩《ま》滅《めつ》作用を免《まぬか》れることはできません。まして、人間社会の瞠目《どうもく》すべき変容《へんよう》ぶりは、「戦争と革命の世紀」といわれる二十世紀の末を生きる我々が、パノラマのように、等しく眼前にしているところであります。

仏教の眼は、この変化の実相を〝「諸行《しょぎょう》（もろもろの現象《げんしょう》）」は「無常（常に変化している）」である〟と捉《とら》えております。これを宇宙観からいえば「成住壊空《じょうじゅうえくう》」、つまり一つの世界が成立し、流転し、崩壊《ほうかい》し、そして次の成立に至ると説いています。

「生も歓喜」「死も歓喜」の生命観

また、これを人生観のうえから論ずれば「生老病死《しょうろうびょうし》」の四苦、すなわち生まれ生きる苦しみ、老いる苦しみ、病む苦しみ、死ぬ苦しみという流転を、だれびとたりとも逃《のが》れることはできません。この四苦なかんずく生あるものは、必ず死ぬという生死、死の問題こそ、古来、あらゆる宗教や哲学が生まれる因《いん》となってきました。釈尊《しゃくそん》の出家の動機となったとされる〝四門出遊《しもんしゅつゆう》〟のエピソードや、哲学を「死の学習」としたプラトンの言葉は、あまりにも有名でありますし、日蓮大聖人も、「先臨終《まずりんじゅう》の事を習うて後に他事を習うべし」(「妙法尼御前御返事」御書一四〇四ページ)と言われております。

私も、二十年前、このテーマを中心に、不世出《ふせいしゅつ》の歴史家トインビー博士と、何日にもわたり幅広く論じ合いました。

なぜ、人間にとって死がかくも重い意味をもつかといえば、何よりも死によって、人間は己《おの》が有限性《ゆうげんせい》に気づかされるからであります。どんなに無限の「富」や「権力」を手にした人間であっても、いつかは死ぬという定めからは、絶対に逃れることはできません。この有限性を自覚し、死の恐怖《きょうふ》や不安を克服《こくふく》するために、人間は何らかの永遠性に参画《さんかく》し、動物的本能の生き方を超《こ》えて、一個の人格となることができました。宗教が人類史とともに古いゆえんであります。

ところが「死を忘れた文明」といわれる近代は、この生死という根本課題《かだい》から目をそらし、死をもっぱら忌《い》むべきものとして、日陰者《ひかげもの》の位置に追い込んでしまったのであります。近代人にとって死とは、単なる生の欠如《けつじょ》・空白状態にすぎず、生が善であるなら死は悪、生が有で死が無、生が条理で死が不条理、生が明で死が暗、等々と、ことごとに死はマイナス・イメージを割り振られてきました。

その結果、現代人は死の側から手痛《ていた》いしっぺ返しを受けているようであります。今世紀が、ブレジンスキー博士の言う「メガ・デス（大量死）の世紀」となったことは、皮肉にも「死を忘れた文明」の帰結《きけつ》であったとはいえないでしょうか。

近年、脳死《のうし》や尊厳死《そんげんし》、ホスピス、葬儀《そうぎ》の在《あ》り方、また、キューブラー・ロス女史による「臨死《りんし》医学」の研究などの関心の高まりは、等しく死の意味の、のっぴきならない問い直しを迫《せま》っているように思えてなりません。やっと現代文明は、大きな思い違いに気づこうとしているようです。

死は単なる生の欠如《けつじょ》ではなく、生と並んで、一つの全体を構成する不可欠《ふかけつ》の要素なのであります。その全体とは「生命」であり、生き方としての「文化」であります。ゆえに、死を排除《はいじょ》するのではなく、死を凝視《ぎょうし》し、正しく位置づけていく生命観、生死観、文化観の確立こそ、二十一世紀の最大の課題となってくると私は思います。

仏教では「法性《ほっしょう》の起滅《きめつ》」を説きます。法性とは、現象《げんしょう》の奥《おく》にある生命のありのままの姿をいいます。生死など一切の事象《じしょう》は、その法性が縁《えん》に触《ふ》れて「起《き》」すなわち出現し、「滅《めつ》」すなわち消滅《しょうめつ》しながら、流転《るてん》を繰《く》り返していくと説くのであります。

従って死とは、人間が睡眠《すいみん》によって明日への活力を蓄《たくわ》えるように、次なる生への充電《じゅうでん》期間のようなものであって、決して忌《い》むべきではなく、生と同じく恵《めぐ》みであり、嘉《よみ》せらるべきことと説くのであります。

ゆえに、大乗仏典《だいじょうぶってん》の精髄《せいずい》である法華経《ほけきょう》では、生死の流転しゆく人生の目的を「衆《しゅ》生所遊楽《じょうしょゆうらく》」とし、信仰の透徹《とうてつ》したところ、生も喜びであり、死も喜び、生も遊楽であり、死も遊楽であると説き明かしております。日蓮大聖人も「歓喜《かんき》の中の大歓喜」(「御義口伝《おんぎくでん》」御書七八八ページ)と断言しておられる。

「戦争と革命の世紀」の悲劇は、人間の幸・不幸の決定的要因が外形のみの変革にはないという教訓を明確に残しました。次なる世紀にあっては、従ってこうした生死観、生命観の内なる変革こそ第一義となってくるであろうと私は確信しております。そのうえで、大乗仏教が二十一世紀文明に貢献《こうけん》しうるであろうと考える視点《してん》を、私なりに三点に要約して申し上げたいと思います。

平和創出の源泉

第一に「平和創出《そうしゅつ》の源泉」ということであります。

古来、仏教が平和のイメージに彩《いろど》られている最大の理由は、暴力《ぼうりょく》を排《はい》し、なべて対話や言論を徹底《てってい》して重視《じゅうし》しているからではないでしょうか。ヤスパースは、釈尊《しゃくそん》の死を悼《いた》む弟子たちの悲しみを「言葉を自在に使う人をうしなってしまった」(『佛陀《ぶつだ》と龍樹《りゅうじゅ》』峰島旭雄訳、理想社)と的確に評しております。

ある仏典が釈尊を「喜びをもって人に接し、しかめ面《つら》をしないで顔色はればれと、自分から先に話しかける人」としているように、その生涯《しょうがい》は、一切のドグマから解放された「開かれた心」による「開かれた対話」に貫《つらぬ》かれていました。八十歳の高《こう》齢《れい》に達した釈尊の最後の旅を綴《つづ》った仏典は、戦争への意図《いと》を、言論による説得で思いとどまらせたエピソードで始まります。

すなわち、隣国《りんごく》ヴァッジを征服《せいふく》しようとする覇権《はけん》主義の大国マガダの大臣に対し、直接諫《いさ》めるのではなく、国の盛衰《せいすい》の理《ことわり》を巧《たく》みに説き及び、侵略《しんりゃく》を厳然《げんぜん》と阻止《そし》しております。

また、この仏典の最終章は、いまわの際《きわ》の釈尊《しゃくそん》が、愛する弟子たちに向かって、法のこと、修行のことなど聞き残して悔《く》いが残らぬよう、二度、三度と対話の勧《すす》めを行っている感動的なシーンが記されております。最後の旅の始めと終わりが、このように言論の光彩《こうさい》を浮き彫《ぼ》りにして、「言葉を自在に使う人」の面目《めんぼく》を躍如《やくじょ》とさせているのであります。

なぜ、釈尊が対話にあって自在でありえたのか——それは、この覚者の広大な境《きょう》涯《がい》が、あらゆるドグマや偏見《へんけん》、執着《しゅうじゃく》から自由であったからであります。釈尊の言葉に「私は人の心に見がたき一本の矢が刺《さ》さっているのを見た」とあります。「一本の矢」とは、一言にしていいえば〝差異《さい》へのこだわり〟といってよいでしょう。当時のインドは、大いなる変革期で、悲惨《ひさん》な戦乱《せんらん》が相次いでいました。釈尊の透徹《とうてつ》した眼は、その争乱《そうらん》の根底に、何よりも部族や国家などの差異へのこだわりを見いだしていたはずであります。

アメリカ哲学の黄金期を築《きず》いたハーバード大学のロイス教授は、今世紀の初頭、「改革《かいかく》が可能だとすれば、それは内面から起こらなければならない。社会の全体は、いかなる過程においても、善《よ》きにつけ、悪《あ》しきにつけ、一人一人の心が決めるものだ」と論じております。

「民族」であれ「階級」であれ、克服《こくふく》されるべき悪、すなわち「一本の矢」は、外部というよりまず自分の内部にある。ゆえに、人間への差別意識、差異へのこだわりを克服することこそ、平和と普《ふ》遍的人権《へんてきじんけん》の創出への第一義であり、開かれた対話を可能ならしむる黄金律《おうごんりつ》なのであります。また、そうあってこそ、相手の性分《しょうぶん》や能力に応じて法を説く〝対機《たいき》説法〟という自在な対話も可能なのであります。

事実、釈尊《しゃくそん》の対話の特徴《とくちょう》は、部族間の水争いの仲裁《ちゅうさい》をするときも、凶暴《きょうぼう》な強盗《ごうとう》を改心させるときも、乞食行《こつじきぎょう》に異議《いぎ》を申し立てる者の浅慮《せんりょ》を戒《いまし》めるときも、常に内なる悪という「一本の矢」に気づかせることを眼目《がんもく》としておりました。その類《たぐい》まれなる人格の力こそ、ある王をして「世尊《せそん》よ、私たちが武器をもってさえ降伏《こうふく》させることのできない者を、あなたは武器をもたずして降伏せしめる」（増谷文雄『この人を見よ――ブッダ・ゴータマの生涯』講談社文庫、趣意）と感嘆《かんたん》させているのであります。差異《さい》へのこだわりの克服《こくふく》は、宗教が民族宗教を超《こ》えて世界宗教へと飛翔《ひしょう》しゆく跳躍《ちょうやく》台《だい》でもあります。

日蓮大聖人が、迫害《はくがい》を加える日本の最高責任者を「わづかの小島のぬし《主》」（「種種御振舞御書」御書九一一ページ）と一蹴《いっしゅう》されるとき、明らかに国家を超えた普遍的価値《ふへんてきかち》、世界宗教の地平が望まれているのであります。

もとより対話といっても、春風のようなものばかりではなく、時には火を吐《は》くごとき言論のつぶてが、相手の傲《おご》り高ぶる心を撃《う》つ場合もあります。釈尊や龍樹《りゅうじゅ》など、その名前を聞くと円満そのもののような印象《いんしょう》を受ける仏教者たちも、支配者たちからは「すべてを否定《ひてい》する者」と非難《ひなん》されていました。

日蓮大聖人も、庶民《しょみん》に対しては肉親も遠く及ばぬ濃《こま》やかな愛情を注《そそ》がれておりますが、邪《よこしま》な権力との戦いでは、断《だん》じて一歩も退《ひ》かれない。身に寸鉄《すんてつ》も帯びず、もっぱら言論・非暴力《ひぼうりょく》に徹《てつ》する姿勢は、微動《びどう》だにしませんでした。それは遠島《えんとう》に流罪《るざい》されていたときの次の師子吼《ししく》に象徴《しょうちょう》されています。

すなわち、改宗《かいしゅう》すれば日本の国王にしようと誘惑《ゆうわく》されても、また、改宗しなければ父母の首をはねると脅迫《きょうはく》されても、「智《ち》者《しゃ》に我義《わがぎ》やぶられずば用《もち》いじとなり」（「開目抄《かいもくしょう》」御書二三二ページ）と。まことに言論にかける信念の強固なるや金剛《こんごう》のごとし、であります。

もし、こうした対話の姿勢が徹底《てってい》して貫《つらぬ》かれるならば、対決のおもむくところ、対立ではなく調和が、偏見《へんけん》ではなく共感が、争乱ではなく平和がもたらされることは間違いない。けだし、真の対話にあっては、対立も結びつきの一つの表れだからであります。

創価学会は、第二次世界大戦の際《さい》、真《ま》っ向《こう》から日本の軍国主義に対抗《たいこう》しました。そのために牧口常三郎初代会長はじめ多くの同志が、投獄《とうごく》されました。今からちょうど五十年前のことであります。取り調べの検事や看守《かんしゅ》にさえ、毅然《きぜん》と仏法を語りながら、平和を語りながら、牧口初代会長は七十三歳で獄死《ごくし》いたしました。その遺志《いし》を継《つ》いだ戸田第二代会長は、二年に及ぶ獄中闘争《ごくちゅうとうそう》の後、「地球民族主義」という理念を掲《かか》げ、悩《なや》み苦しむ民衆の中へ飛び込んで、座談の波を広げていったのであります。

核廃絶《かくはいぜつ》も、恩師が青年に託《たく》した遺訓《いくん》でありました。この歴史的淵源《えんげん》を原点としまして、我が創価学会インタナショナル（ＳＧＩ）は、現在、世界百十五カ国・地域の民衆と連帯し、「平和」と「文化」と「教育」の運動を展開しております。

私自身、微力《びりょく》ではありますが、人類の平和と幸福のために、ご臨席《りんせき》の諸先生方をはじめ、世界の良識との対話を、更に続けてまいる決意であります。

人間復権の機軸

第二に「人間復権《ふっけん》の機軸《きじく》」という視点《してん》であります。

これを平易《へいい》に言うならば、再び宗教の時代が叫《さけ》ばれる今こそ、はたして宗教をもつことが人間を強くするのか弱くするのか、善《よ》くするのか悪くするのか、賢《かしこ》くするのか愚《おろ》かにするのか、という判断を誤《あやま》ってはならないということであります。社会主義諸国の崩壊《ほうかい》により、マルクスの権威《けんい》は地に堕《お》ちた感があるとはいえ、彼の宗教阿《あ》片説《へんせつ》が全《まった》く無意味であったとはいえません。

洋の東西を問わず、復活しつつある、もろもろの宗教が、阿片的側面をぬぐい去っているとはとうてい言えず、先にテキサス州銃撃《じゅうげき》事件を起こした教団などは極《きょく》端《たん》な例でありますが、世紀末の〝神々〟の中には、相互依存《そうごいそん》と文化交流の進展《しんてん》を逆《ぎゃっ》行《こう》する閉鎖的《へいさてき》、独善的なものも多いようであります。

そのためにも、私は仏教で言う「他力」と「自力」――キリスト教流に言うと「恩寵《おんちょう》」と「自由意志」の問題になると思いますが、その両者のバランスの在《あ》り方を改めて検証してみたいのであります。

ヨーロッパ主導の中世から近代への流れを、大まかに俯瞰《ふかん》してみれば、物事の決定権がもっぱら神の意志にあった、神中心の決定論的世界から、その決定権が人間の側に委《ゆだ》ねられ、自由意志と責任の世界へと徐々《じょじょ》に力点が移行してくる過程であります。いってみれば、「他力」から「自力」への主役交代であります。

それは、確かに科学技術を中心に大きな成果を積み上げてきましたが、同時に、その理性万能主義が、人間が自力ですべてを為《な》しうるという思いあがりを生み、現代文明を抜きさしならぬ袋小路《ふくろこうじ》に追い込んでいることは周知の事実であります。

かつての他力依存が人間の責任の過小評価《かしょうひょうか》であるとすれば、近代の自力依存は人間の能力《のうりょく》の過信であり、エゴの肥大化《ひだいか》であります。袋小路の現代文明は、自力と他力の一方へ偏重《へんちょう》するのではなく、今や「第三の道」を模索《もさく》しているといえるのではないでしょうか。

その点「自力も定めて自力にあらず」(「一代聖教大意」御書四〇三ジ゙ー)「他力も定めて他力に非《あら》ず」(同ジ゙ー)と精妙《せいみょう》に説く大乗《だいじょう》仏教の視点《してん》には、重要な示唆《しさ》が含まれていると思います。そこでは二つの力が融合《ゆうごう》し、両々相まって絶妙《ぜつみょう》のバランスをとっていくことが慫慂《しょうよう》(さそい勧《すす》める)されているからであります。

少し立ち入って述べれば、かつてデューイは「誰《だれ》でもの信仰」を唱《とな》え、特定の宗教よりも「宗教的なもの」の緊要性《きんようせい》を訴《うった》えました。

なぜなら、宗教がともすれば独善や狂信《きょうしん》に陥《おちい》りがちなのに対し、「宗教的なもの」は「人間の関心とエネルギーを統一」し、「行動を導き、感情に熱を加え、知性に光を加える」。そして「あらゆる形式の芸術、知識、努力、働いた後の休息、教育と親しい交わり、友情と恋愛《れんあい》、心身の成長、などに含まれる価値《かち》」（魚津郁夫編『世界の思想家20 デューイ』平凡社）を開花、創造《そうぞう》せしむるからであります。

デューイは他力という言葉は使いませんが、総《そう》じて「宗教的なもの」とは、善《よ》きもの、価値あるものを希《き》求《きゅう》しゆく人間の能動的な生き方を鼓舞《こぶ》し、いわば、あと押しするような力用《りきゆう》といえましょう。まことに「〝宗教的なもの〟は、自《みず》ら助くる者を助くる」のであります。

近代人の自我《じが》信仰の無残な結末が示すように、自力はそれのみで自らの能力を全《まっと》うできない。他力すなわち有限な自己を超《こ》えた永遠なるものへの祈りと融合によって初めて、自力も十全《じゆうぜん》に働く。しかし、その十全なる力は本来、自身の中にあったものである――デューイもおそらく含意《がんい》していたであろう、こうした視点こそ、宗教が未来性をもちうるかどうかの分水嶺《ぶんすいれい》であると私は思うのであります。

私は、仏教者に限らず全宗教者は、歴史の歯車を逆転させないために、この一点は絶対に踏《ふ》み外《はず》してはならないと思います。そうでないと、宗教は、人間復権《ふっけん》どころか、再び人間をドグマや宗教的権威《けんい》に隷属《れいぞく》させようとする力をもつからであります。

その点、コックス教授が私どもの運動を「ヒューマニズムの宗教の方向を示そうとしている」として注目してくださっていることに深く感謝申し上げます。

仏典には「一念に億劫《おくごう》の辛労《しんろう》を尽《つ》せば本来無作《むさ》の三身念念《さんじんねんねん》に起《おこ》るなり」（「御義口《おんぎく》伝《でん》」御書七九〇ページ）とあります。

仏教は観念ではなく、時々刻々《じじこっこく》、人生の軌道修正《きどうしゅうせい》を為《な》さしむるものであります。〝億劫《おくごう》の辛労《しんろう》を尽《つ》くす〟とあるように、あらゆる課題《かだい》を一身に受け、全意識を目覚めさせていく。全生命力を燃焼《ねんしょう》させていく。そうして為すべきことを全力で為しゆく。そこに、「無作三身《むささんじん》」という仏の命が瞬間瞬間、湧《わ》き出してきて、人間的営為《えいい》を正しい方向へ、正しい道へと導き励《はげ》ましてくれる。

法華経《ほけきょう》には、しばしばドラムやトランペットのような楽器が登場するのも、それらの響《ひび》きが生きんとする意志への励ましであるとすれば、よく納得《なっとく》できます。そして、その仏の命の力用が、「君よ、強くあれ。君よ、善《よ》くあれ、賢明《けんめい》であれ」との、人間復権《ふっけん》へのメッセージであることは申すまでもありません。

万物共生の大地

第三に「万物共生の大地」という視点を申し上げたい。

法華経には数々の譬喩《ひゆ》が説かれておりますが、その中に、広大なる大地が等しく慈雨《じう》に潤《うるお》い、大小さまざまな草木が生き生きと萌《も》え出《い》ずる描写《びょうしゃ》があります。一幅《いっぷく》の名画を見るように雄大《ゆうだい》にしてダイナミック、いかにも法華経らしい命の躍動《やくどう》は、直接的には、仏の平等大慧《だいえ》の法に浴して、すべての人々が仏道を成じていくことを示しています。

しかし、それにとどまらず、人間並びに山川草木《さんせんそうもく》に至るまでが、仏の命を呼吸しながら、個性豊かに生を謳歌《おうか》している「万物共生の大地」のイメージを、見事に象《かたど》っているように思えるのであります。

ご存じのように、仏教では「共生」を「縁起《えんぎ》」と説きます。「縁起」が、縁《よ》りて起こると書くように、人間界であれ自然界であれ、単独で存在しているものはなく、すべてが互いに縁となりながら現象界《げんしょうかい》を形成している。

すなわち、事象《じしょう》のありのままの姿は、個別性というよりも関係性や相互依存性《そうごいそんせい》を根底としている。

一切の生きとし生けるものは、互いに関係し依存し合いながら、生きた一つのコスモス（内的調和）、哲学的にいうならば、意味連関の構造を成しているというのが、大乗《だいじょう》仏教の自然観の骨格《こっかく》なのであります。

かつて、ゲーテは『ファウスト』で「あらゆるものが一個の全体を織《お》りなしている。一つ一つがたがいに生きてはたらいている」（大山定一訳、『ゲーテ全集』2所収、人文書院）と語りました。この仏教的ともいうべき知見を、若き友人エッカーマンは「予感はするが実証《じっしょう》がない」（『ゲーテとの対話』下巻、神保光太郎訳、角川文庫）と評しましたが、その後、百数十年の歳月とともに、かのゲーテの、更には仏教の演繹的発想《えんえきてきはっそう》の先見性をうかがわせつつあるようです。

因果律《いんがりつ》を例にとれば、縁起論でいう因果律は、近代科学でいう、人間の主観から切り離《はな》された客観的な自然界を支配している機械論的因果律とはおよそ異《こと》なり、人間自身を含む広義の自然界に渉《わた》っております。

例えば、ある災害が起こったとする。その災害がどのようにして生じたのか。その一定の原因究明は、機械論的因果律で可能でしょう。しかし、そこには、なぜ自分がその災害にあったのかといった類《たぐい》の問いは、決定的になじまない。むしろ、そうした実存的《じつぞんてき》問いを切り捨《す》てたところに成り立つのが機械論的自然観であります。

仏教で説く因果律は「何に縁りて老死があるのか。生に縁りて老死がある」（増谷文雄・梅原猛『仏教の思想』1、角川書店）との釈尊《しゃくそん》の原初の応答が示しているように、そうした「なぜ」という問いを真正面に受け止めているのであります。そして、思索《しさく》を深めながら、中国の天台智顗《てんだいちぎ》の有名な「一念三千」論のように、近代科学とも十分に整合性をもつ、雄大《ゆうだい》にして精緻《せいち》な論理を展開《てんかい》しているのであります。

時間の関係で詳論《しょうろん》はいたしませんが、現代の生態学、トランス・パーソナル心理学、量子力学等は、それぞれの立場で、そうした仏教的発想と親近しつつあるように思えてなりません。

さて、関係性や相互依存性《そうごいそんせい》を強調すると、ともすれば主体性が埋没《まいぼつ》してしまうのではないかと思われがちでありますが、そこには一つの誤解《ごかい》があるようです。

仏典には、「己《おのれ》こそ己の主である。他の誰《だれ》がまさに主であろうか。己がよく抑制《よくせい》されたならば、人は得難《えがた》い主を得る」「まさに自らを熾燃《しねん》（＝ともしび）とし、法を熾燃とすべし。他を熾燃とすることなかれ。自らに帰依《きえ》し、法に帰依せよ。他に帰依することなかれ」(宮坂宥勝『真理の花たば　法句経』筑摩書房)等とあります。

いずれも、他に紛動《ふんどう》されず、自己に忠実《ちゆうじつ》に主体的に生きよと強く促《うなが》しているのであります。ただ、ここに「己」「自ら」というのは、エゴイズムに囚《とら》われた小さな自分、すなわち「小我《しようが》」ではなく、時間的にも空間的にも無限に因果の綾《あや》なす宇宙生命に融合《ゆうごう》している大きな自分、すなわち「大我《たいが》」を指しております。

そうした「大我」こそ、ユングが「自我《じが》(エゴ)」の奥《おく》にある大文字の「自己(セルフ)」と呼び、エマーソンが「あらゆる部分や分子が平等に結びつく普遍的《ふへんてき》な美、永遠の『一なる者』」(『エマソン論文集』酒本雅之訳、岩波書店)と呼んだ次元と強く共鳴《きようめい》し、共振《きようしん》し合いながら、来るべき世紀へ「万物共生の大地」を成していくであろうことを、私は信じて疑いません。

それはまた、ホイットマンの大らかな魂《たましい》の讃歌《さんか》の一節を想起《そうき》させるのであります。

わたしは　ふり向いて
あなたに呼びかける、
おお、魂よ、あなたこそ本当の「わたし」、
するとあなたは、何とまあ、
いとも優《やさ》しげに
一切の天球を配下におさめ、
あなたは「時間」の伴侶《はんりょ》となり、
「死」に向かっては
満足の微笑《びしょう》を投げかけ、
そして「空間」の広大な広がりを
くまなく満たし、

たっぷりと膨脹《ぼうちょう》させてみせる
（『草の葉』鍋島能弘・酒本雅之訳、岩波文庫）

大乗仏教で説くこの「大我《たいが》」とは、一切衆生《しゅじょう》の苦を我が苦となしゆく「開かれた人格」の異名《いみょう》であり、常に現実社会の人間群に向かって、抜苦与楽《ばっくよらく》の行動を繰《く》り広げるのであります。

こうした大いなる人間性の連帯にこそ、いわゆる「近代的自我」の閉塞《へいそく》を突《つ》き抜けて、新たな文明が志向《しこう》すべき地平があるといえないでしょうか。そしてまた、「生も歓喜《かんき》であり、死も歓喜である」という生死観は、このダイナミックな大我の脈動のなかに、確立されゆくことでありましょう。

日蓮大聖人の「御義口伝《おんぎくでん》」には、「四相（＝生老病死《しょうろうびょうし》）を以《もっ》て我等《われら》が一身の塔を荘厳《しょうごん》するなり」（御書七四〇ジ）とあります。

二十一世紀の人類が、一人一人の「生命の宝塔《ほうとう》」を輝《かがや》かせゆくことを、私は心から祈りたい。

そして、「開かれた対話」の壮大《そうだい》な交響《こうきょう》に、この青き地球を包みながら、「第三の千年」へ、新生の一歩を踏み出しゆくことを、私は願うものであります。その光彩《こうさい》陸離《りくり》たる「人間と平和の世紀」の夜明けを見つめながら、私のスピーチとさせていただきます。ご清聴《せいちょう》、ありがとうございました。

（平成5年9月24日　アメリカ、ハーバード大学）

フランス学士院記念講演

東西における芸術と精神性

（写真＝フランス学士院）

東西における芸術と精神性

本日、三百数十年の輝《かがや》かしい伝統と格式をもつフランス学士院において「東西における芸術と精神性」と題し、講演の機会《きかい》をいただきましたことは、私の最大の栄《えい》誉《よ》とするところであります。芸術アカデミーのアンドレ・ジャックマン会長に深い敬意を表するとともに、マルセル・ランドフスキー事務総長をはじめ、関係者の方々に心よりお礼申し上げます。また、ご多忙のところ、ご出席くださった諸先生方に厚く感謝申し上げるものであります。

さて、この由緒《ゆいしょ》ある演壇に身をおいて、私の胸に一片《いっぺん》の詩《し》想《そう》が込み上げてまいります。

幽遠《ゆうえん》なる海底には　深く　深く
噴《ふ》き上ぐる大いなる泉《いずみ》あり
それは湖よりもなお広く青く
清冽《せいれつ》なる水脈《みお》滾々《こんこん》と溢《あふ》れ　溢れ
そこには妙《たえ》なる琴《こと》の音《ね》が
静かに　また静かに　漂《ただよ》い響《ひび》く

この太古《たいこ》の初めより　尽《つ》きせぬ真清水《ましみず》に
人もし触《ふ》るれば
永遠なる生命の力は洗《あら》われ出《い》で
人もし汲《く》めば

自在無礙《じざいむげ》なる創造《そうぞう》の力を養う
内なる宇宙《コスモス》をひたしゆくこの泉は
大いなる生命の海へと流れゆく
おお　根源《こんげん》なる大宇宙の神秘《しんぴ》のこの泉よ
その底知れぬ深淵《しんえん》より
生命の大海はうねり
歴史は迸《ほとばし》る

ほとりなる琴の音が奏《かな》でる
聖《せい》なるその荘厳《そうごん》なる調べは
人間の内なる律動《りつどう》にして
人類の普遍《ふへん》の言語なるか

ひとは聴《き》かずや
波間《なみま》にたゆとう
玲瓏《れいろう》たるこの聖なる交響《こうきょう》を
ひとは見ずや
この魂《たましい》の奥《おく》深く湧《わ》き出づる音律《おんりつ》を
大いなる深淵なる　不可思議《ふかしぎ》な創造の泉を――

芸術は創造的生命の昇華

古来、芸術とは、人間の精神性のやむにやまれぬ発露《はつろ》であり、様々《さまざま》な具体的〝かたち〟として結晶《けっしょう》しつつ、そこに巧《たく》まずして、一個の「全一《ぜんいつ》なるもの」を表象《ひょうしょう》するものでありました。

確かに、個々の芸術活動は、限られた空間内での営みであります。しかし、芸術に参画する人々の魂には、自《みず》らの活動という回路を通じて、宇宙的生命ともいうべき「全一なるもの」とつながり、一体化せんとする希求《ききゅう》が脈打っておりました。つまり、自分というミクロな世界が、宇宙というマクロな世界と融合《ゆうごう》しつつ作り出すダイナミックな一つのいのち――。そこに生きた芸術がある。

人間は、肉体的に〝パン〟を欲《ほっ》するように、精神面においては、そうした「全一なるもの」にひたり、それを呼吸し、そこから蘇生《そせい》の活力を引き出すことを、生き方の機軸《きじく》としてまいりました。

〝パン〟が肉体の新陳代謝《しんちんたいしゃ》に不可欠《ふかけつ》であるのと同様、芸術もまた、その効用は、「心の新陳代謝」になくてはならぬものであったわけであります。アリストテレスがいみじくもカタルシス（浄化《じょうか》）と呼んだのも、芸術のこの働きであったと思われます。

では、なぜ芸術が、人間にとってかくも本然的な営みであり続けたのか。私は、その最大の要因を、芸術のもつ「結合の力」に求めることができると思うのであります。

ゲーテの『ファウスト』の独白には、「あらゆるものが一個の全体を織《お》りなしている。一つ一つがたがいに生きてはたらいている」（大山定一訳、『世界古典文学全集』50所収、筑摩書房）とあります。これが生きとし生けるものの実相であるならば、人間と人間、人間と自然、人間と宇宙をも結び合わせ「全一《ぜんいつ》なるもの」を志向《しこう》しゆくところに、芸術の優《すぐ》れて芸術たるゆえんがあるといえましょう。

詩歌《しいか》であれ、絵画であれ、音楽であれ、我々が珠玉《しゅぎょく》の芸術作品に触《ふ》れたときの、あの感動を一言にしていえば、あたかも我が胸中の泉《いずみ》に共感の波動が幾重《いくえ》にも広がり、精妙《せいみょう》なリズムの促《うなが》すまま、はるか天空へ飛翔《ひしょう》しゆくかのごとき生命の充足感《じゅうそくかん》であり、これこそ自己拡大《かくだい》の確かなる実感であります。

有限なるものは無限なるものへと、また体験の個別性は、「意味論的宇宙」ともいうべき普遍性《ふへんせい》の世界へと開示《かいじ》されていく。そこに芸術特有の「結合の力」の生きとした発動があると私はみたいのであります。

ところで、その普遍性の世界は、往古《おうこ》の演劇が宗教的祭儀《さいぎ》と不可分《ふかぶん》の関係にあったことに象徴《しょうちょう》されるように、常に宗教の世界と相即不離《そうそくふり》の関係にありました。J・E・ハリソン女史も言うように「その初《はじ》めにおいては同じ一つの衝動《しょうどう》が人を教会に向わせ劇場に向わせる」(『古代芸術と祭式』佐々木理訳、筑摩書房)ものであったわけであります。

こんなエピソードがあります。かなり以前のことですが、日本の有名な歌舞伎《かぶき》俳優がヨーロッパに遊び、ルーブル美術館で西洋美術の名品の数々を鑑賞《かんしょう》した。そのあと語った感想が「みんな耶蘇《やそ》(キリスト)ではないか」の一言であったというのであります。

やや率直《そっちょく》すぎる評言《ひょうげん》ではありますが、西洋美術が、いかにキリスト教の伝統から生命の水を得てきたかという発見を、素朴《そぼく》に示しております。東洋からの旅人が、西洋美術のなかに身をもって感じ取った「全一《ぜんいつ》なるもの」とは、「耶蘇《やそ》」の一言に凝縮《ぎょうしゅく》されているとでもいえましょうか。

確かに、貴国のノートルダムやシャルトルのカテドラルは、まさに西欧中世のゴシック建築の精華《せいか》であるとともに、中世キリスト教の世界観を具現《ぐげん》した〝芸術的総合〟であったことは、いうまでもありません。つまり芸術は宗教であり、宗教は芸術であり、二つながら、よく生きんとする人間の情熱のおのずから志向《しこう》するところでありました。


それでは東洋にあってはどうか。かつてはポール・クローデルが、また近年には私の知友であり、日本で対談集を出版した故アンドレ・マルロー氏が、並々《なみなみ》ならぬ関心を示した日本人の美意識も、色濃《いろこ》く宗教性を帯びたものであります。

日本の宗教的伝統は、キリスト教のような厳格《げんかく》な一神教とは異《こと》なり、あいまいな部分が多いのですが、それにもかかわらず、マルロー氏が、西洋と異なる日本人の伝統的美意識を「内的実相」と呼ぶとき、そこには、宇宙や自然との生命的な共感ないし一体感に基づく宗教的背景《はいけい》をはっきり感じ取っていたはずであります。かつて、クローデルが、西洋と対比して「自然を服従《ふくじゅう》させるというよりも、自らがその一員となること」(『朝日の中の黒い鳥』内藤高訳、講談社学術文庫)と位置づけていた、東洋的もしくは日本的美意識は、数十年の歳月を経《へ》て、マルロー氏の網膜《もうまく》に映《えい》じたものと深く根を通じております。「全一なるもの」への志向性は、それと意識されないにせよ、日本の文化においても、独自の彩《いろど》りを添《そ》えてきたのであります。

そこで問題は、古今東西を問わず、こうして芸術や宗教を通して発現されてきた

「結合の力」が、社会の近代化にともない、とみに衰微《すいび》してきているという現実であります。私は十九世紀末葉《まつよう》以来、鋭敏《えいびん》な精神が予感し警告《けいこく》し続けてきたことを、ここであえて繰《く》り返すつもりはありません。しかし、自然や宇宙から切断されつつある人間は、いまや人間同士の絆《きずな》さえ断《た》たれがちであり、その結果、孤独《こどく》はもはや孤独として、すなわち病《やまい》としてすら意識されなくなっております。

いうまでもなく、私たちを取り巻く芸術環境《かんきょう》も、近代の流れとともにしだいに大きく変わってきました。

一例を挙げれば、原稿《げんこう》用紙やタブロー（画布）に一人向かう孤独な芸術家と、他方、匿名《とくめい》の読者であり鑑賞者《かんしょうしゃ》である大衆といった、あまりに近代的な芸術環境にあって、「結合の力」がどこまで十全《じゅうぜん》に発揮《はっき》されうるのか、そこには大きな困難があります。

個々の努力や才能によって、それなりの成果が期待できるにしても、何よりそこには、「結合の力」を発現させるための有機的、共同体的な〝場〟が欠落《けつらく》しております。それは、例えば古代ギリシャにおいて、半円劇場に集《つど》い来《きた》った観客たちも俳優と同様に、ときには俳優以上に演劇に参加することができた芸術環境とは、よほど違うはずであります。

失われゆく原始の生命力を求めて、ある人は、はるか古代人の骨太《ほねぶと》の闊達《かったつ》さに思いをはせ、ある人は、近代化に汚染《おせん》されぬ天地のたくましいエネルギーに憧憬《しょうけい》の目を向けるなど、様々《さまざま》な格闘《かくとう》がなされてきました。

逆説的になりますが、私には、十九世紀末から今世紀にかけて、きら星のごとく輝《かがや》き現れた巨匠《きょしょう》たちの饗宴《きょうえん》は、あたかも、こうした時代の不幸の深刻《しんこく》さに濾過《ろか》されて生まれた結晶《けっしょう》とさえ思えてくるのであります。

現代においては、自由かつ多様な芸術的試《こころ》みが可能になった反面、見えるものを超《こ》えて、より遠く突《つ》き進んでいく力も、故郷を喪失《そうしつ》したおのれの魂《たましい》の分裂《ぶんれつ》の復旧《ふっきゅう》を痛切《つうせつ》に願う求心性《きゅうしんせい》も、弱まり薄《うす》められているように思えてなりません。

さて、ここで私は、東洋の仏法の説く「縁《えん》」という概念《がいねん》を用いて「結合の力」を「結縁《けちえん》の力」と置き換《か》えてみたいと思います。そのほうが、本日のテーマに即《そく》して、問題の所在を、よりはっきりと浮き彫《ぼ》りにできるからであります。

「縁」を「結」ぶということの「縁」とは、仏法の「縁起《えんぎ》」説の概念に由《よ》っております。ご存じのように「縁起」説は、釈尊《しゃくそん》以来、仏教の長遠《ちょうおん》な歴史を貫《つらぬ》く骨格《こっかく》ともいうべき考え方でありました。すなわち、仏教では、社会現象であれ自然現象であれ、何らかの「縁」によって「起」こってくるのであり、それ自体のみで存在するものは何もない、と説いております。これは一言にしていえば、「すべての事実は関係性のなかに生ずる」と言い換えてもよいのでありますが、ただ関係性というと、空間的なイメージが強くなってしまう。それに対し、仏教の「縁起」とは、時間の要素も加わった、多次元的な捉《とら》え方となるのであります。

クローデルやマルローを魅了《みりょう》した、自然と共感、共生している日本人の美意識の根底には、原始的なアニミズムの要因もありますが、より深く、仏教的伝統に因をもつ「縁起」観も見逃《みのが》してはならないと私は思っております。ちなみに日本の伝統的芸術である茶や生け花、庭、ふすま絵、屏風《びょうぶ》などは、それ自体として価値《かち》や意味をもつというよりも、ふさわしい生活空間の〝場〟の中に位置づけられることによって、初めて、その本来の光を発揮《はっき》する――すなわち、〝場〟に「結縁」することによって価値や意味を生じてきたのであります。連歌《れんが》や俳諧《はいかい》なども本来、多人数が寄り合う〝場〟なくしては、成り立たない芸術であったことも付言《ふげん》しておきたいと思います。

さて、こうした「結縁」によって生起《せいき》する一切の事象《じしょう》の実相を、大乗《だいじょう》仏教では「空《くう》」と説いております。この「空」の概念を「無」と同一視《どういつし》する傾向《けいこう》はいまだ払《ふっ》拭《しょく》されたとはいえないようであります。この点に関しては、仏教側の責任もあり、特に、世俗的《せぞくてき》価値や欲望《よくぼう》を否定《ひてい》し去ったところに悟《さと》りの境位《きょうい》を求めた、いわゆる小乗《しょうじょう》仏教は、ニヒリズムと著《いちじる》しく近接する要素をもっております。

しかし、大乗《だいじょう》仏教で説かれる「空《くう》」の概念は、ニヒリスティックでスタティック（静的）な小乗的概念とは、百八十度様相を異《こと》にし、刻々《こっこく》と変化し生々躍動《せいせいやくどう》しゆくダイナミックな生命の動きそのものなのであります。

皆さま方に近しい人の言葉を借りるならば、一切の事象を「永遠の相の下」ではなく「持続の相の下」で捉えようとしたベルクソンの生の哲学のほうが、よほど大乗的な「空」の概念に親密《しんみつ》であるといってよい。

私は、この大乗仏教の「空」が内包《ないほう》しているところの、生々脈動してやまぬダイナミズムを、「創造的《そうぞうてき》生命」と名付けておきたいと思います。

その生命は、時間的、空間的な限界を常に乗り越え、乗り越え、小さな自己から大きな自己への超克《ちょうこく》作業に余念がありません。すなわち、宇宙本源《ほんげん》のリズムとの共《きょう》鳴《めい》和音《わおん》に耳を傾けながら、日々新たなる飛躍《ひやく》と自己革新《かくしん》を目指しゆくところに、その面目《めんぼく》があるからであります。

私が、アカデミー・フランセーズのルネ・ユイグ氏と対談集『闇《やみ》は暁《あかつき》を求めて』（講談社。『池田大作全集』第5巻収録）を上梓《じょうし》したのは、十年ほど前になります。その中でユイグ氏は、この大乗仏教の核心《かくしん》部分を、適切にも「精神的生命」と位置づけ「宇宙が目標として向かって歩んでいる未来の創造的行動に私たちを結びつけます」と、深い理解と共感を示してくださいました。

このことについて、日本の高名な仏教学者は感嘆《かんたん》の思いで評価しておりました。

この創造的生命のダイナミズムについて、大乗仏教の精髄《せいずい》である法華経《ほけきょう》では、多角的にして総合的な解明がなされておりますが、本論に即《そく》し、その点を少々考えてみたいと思います。

法華経は「生」の自在無辺なダイナミズム

まず法華経《ほけきよう》では、時間的にも空間的にも、無限、無辺の生命の広がりが開示《かいじ》されるとともに、しかもその広がりは、一個の生命の「今」の一瞬《いつしゆん》に包摂《ほうせつ》されゆくという生命の自在性を説き明かしております。

法華経の前半では、森羅万象《しんらばんしよう》（諸法《しよほう》）へ、根源《こんげん》の一法（実相）に帰一《きいつ》し、その法との合一《ごういつ》を果《は》たすことにより森羅万象が自己の一念に収《おさ》まり、また自己の一念は全宇宙に遍満《へんまん》しゆくことを明かしております。

更に後半では、無始無終の久遠《くおん》の仏を説くことによって、生命の永遠性を示すのであります。なおかつ過去も未来も、現在の一瞬に凝縮《ぎようしゆく》されてくる。全体を通して、法華経では空間的な「合一」と、時間的な「凝縮」とが、〝無障礙《むしようげ》〟という創造的生命のダイナミズムを形成しているとするのであります。

また創造的生命を、私どもの〝生き方〟からいえば、自己完成への限りなき能動《のうどう》的実践《てきじっせん》として顕《あらわ》れるともいえましょう。すなわち法華経の諸経中でも際立《きわだ》った特徴《とくちょう》は、その「菩薩道《ぼさつどう》」の実践の場を、荒《あ》れ狂《くる》う厳《きび》しき人間社会の中にあえて求め、そこでこそ自身の生命が磨《みが》かれ、「小我《しょうが》」を超《こ》えた「大我《たいが》」の確立へといたることを説いている点に見いだせるのであります。

更に私は、法華経の描写《びょうしゃ》にまことに劇的、文学的、絵画的、彫刻的《ちょうこくてき》イメージが横《おう》溢《いっ》していることにも触《ふ》れておきたいと思います。法華経の説法の中心部分は「虚空《こくう》会《え》」と呼ばれる空中での儀式《ぎしき》でありますが、そこでは、金、銀、瑠璃《るり》、真珠《しんじゅ》など七つの宝で飾《かざ》られた巨大な宝塔《ほうとう》が大空に浮かび上がります。その大宇宙にそびえ立つ「宝塔」とは、実は生命の壮大《そうだい》、荘厳《そうごん》さを象徴《しょうちょう》しているのであります。

寿量品《じゅりようほん》という経文が描《えが》く安穏《あんのん》なる世界の姿は――天人が満ち、庭園の林も堂閣《どうかく》も宝もて飾られ、花咲き果実たわわに、人みな遊び楽しみ、空には天鼓《てんく》鳴り、美しい花が雨のごとく降《ふ》り注《そそ》ぐ――と。

これはおとぎの世界をほうふつさせるような、生命の詩と音楽と絵画の競演といってよい。宗教史にあっては、宗教と芸術とが対立・相克《そうこく》するケースもしばしば見られますが、法華経《ほけきょう》における想像力の縦横《じゅうおう》なる駆使《くし》は、両者の相補《あいおぎな》い、宥和《ゆうわ》しゆく関係を、よく示しております。

以上、こうした点からも明らかなように、法華経における創造的《そうぞうてき》生命のダイナミックな展開には、人間の営みの様々《さまざま》な次元――キェルケゴール流に言うならば宗教的、倫理《りんり》的、美的次元が、すべて包摂《ほうせつ》されているのであります。それらが渾然一体《こんぜんいったい》となって宇宙的流動ともいうべきダイナミズムを形成し、淘汰《とうた》作用と昇華《しょうか》作用を重ねていったはてに、どのようなイメージが浮き彫《ぼ》りにされるでありましょうか。あたかも多くの色彩《しきさい》をほどこされたコマが、回転の速度を速めるにつれ、限りなく美しい一色に近づいていくように——。

私はここで、法華経の精髄《せいずい》をまことに簡明《かんめい》に表現した言葉を思い起こすのであります。それは「迦葉尊者《かしようそんじや》にあらずとも・まい《舞》をも・まいぬべし、舎利《しやり》弗《ほつ》にあらねども・立つてをどり《踊》ぬべし、上行菩薩《じようぎようぼさつ》の大地よりいで《出》給《たま》いしには・をどり《踊》てこそいで給いしか」（「大悪大善御書」御書一三〇〇ページ）と。

迦葉や舎利弗とは、釈尊《しやくそん》の高弟であり、いわば知性の代表の存在であります。彼らが「舞《まい》」や「踊《おど》り」になぞらえられているのは、法華経の説法を聞いたときの、彼らの歓喜の高揚《こうよう》を意味しております。つまり、宇宙の深奥《しんおう》の真理と人生の最高の価値《かち》とを知り得た生命の喜びを描写《びようしや》したものといってよいでしょう。

上行菩薩とは、法華経の説法の座《ざ》で、釈尊が滅後《めつご》の弘法《ぐほう》を託《たく》すために、大地の底より呼び出したとされる無数の菩薩の代表であります。

その仏法上の意義はさておき、それらの菩薩が大地より涌出《ゆじゅつ》する態様《たいよう》が「舞《まい》を舞《ま》う」「立って踊《おど》る」「踊りてこそ出《い》づ」と、力強く、生気に満ちた芸術的イメージで表象《ひょうしょう》されていることに、私は深い感動をおぼえるのであります。そこには、生々《せいせい》脈動しゆく創造的《そうぞうてき》生命のダイナミズムが、見事に表象されているといってよい。

私は「表象」という言葉を使いながら、貴国の輝《かがや》かしい文学的伝統である〝象徴《しょうちょう》主義〟を思い浮かべております。確かに、法《ほ》華経《けきょう》自体が、一個の生命の回転のドラマとして説かれているのでありますから、「踊りてこそ出づ」等の表現も、事実の客観《きゃっかん》描写というよりも、創造的生命の優《すぐ》れて象徴的な描出《びょうしゅつ》と捉《とら》えることもできます。

菩薩の躍動《やくどう》しつつ出現する態様は、一言でいえば歓喜を象徴しております。それは単なる歓喜ではなく、宇宙の本源《ほんげん》の法則にのっとった人生の深い探求《たんきゅう》と、社会への限りなき貢献《こうけん》を通しての「歓喜の中の大歓喜」であります。

その象徴性の純度《じゅんど》というものを考えるとき、私は、ポール・ヴァレリーの薫《かお》り高い対話編『魂《たましい》と舞踊《ぶよう》』の中で、ソクラテスが踊る女人《にょにん》の姿を凝結《ぎょうけつ》して語る美しい一節を、想起《そうき》するのであります。

――「生命のあの高揚と振動《しんどう》、あの緊張《きんちょう》の支配、得られるかぎり敏捷《びんしょう》な自分自身のなかで、あの恍惚《こうこつ》状態は炎《ほのお》の功徳《くどく》と力を持ち、恥《はじ》や患《わずら》い愚《おろ》かさなど、生活の単調な糧《かて》はそのなかに焼きつくされて、女人のなかにある神のように尊《とうと》いものを、われわれの目にかがやかせてくれるではないか」(『ヴァレリー全集』3〈対話編〉伊吹武彦訳、筑摩書房)と。

もとより、両者を同次元で論ずることはできないかもしれないと思います。しかし、動くものの究極に、言語というかたちを与えようと象徴性の純度を高めていくとき、期《き》せずして想像力が〝踊り〟のイメージを象《かたど》る連想作用に誘《さそ》われるということは、大変興味《きょうみ》深いことであるとはいえないでしょうか。

〝近代の孤独〟超《こ》えゆく「精神革命」へ胎動

ともあれ現代は、人類史上、空前とも言うべき試練《しれん》と変動の時代を迎《むか》えております。そうしたなかにあって、多くの人々の目が、内面へと向けられていることも明らかであります。晩年《ばんねん》のヴァレリーは、不気味《ぶきみ》な軍靴《ぐんか》の音を聞きながら「精神連盟《れんめい》」のために奔走《ほんそう》しました。マルロー氏も、私との対話で、未来世紀の「精神革命」の予兆《よちょう》に耳をそばだてておられました。

本日のテーマに即《そく》して言えば、創造的《そうぞうてき》生命の開花、発現の運動は、人間の内面的変革《へんかく》を通し、必ずやそうした「精神連盟」「精神革命」に、大きく道を開いていくでありましょう。それはまた、芸術をはじめ、人間のすべての営《いとな》みを活性化させゆく源泉《げんせん》たりうるであろうことを、私は信じております。

終わりに、私の拙《つたな》い〝芸術頌《しょう》〟を詠《よ》み上げさせていただきたい。

おお　芸術！
おお　芸術よ！
汝《なんじ》は永遠の光彩《こうさい》
文明と文明の消えざる碑銘《ひめい》

おお　芸術！
おお　芸術よ！
汝は生命の凱歌《がいか》
「自由」と「創造」と「歓喜」との

おお　芸術！
おお　芸術よ！
汝《なんじ》は深き祈り
根源《こんげん》なるものへの聖《せい》なる合体

おお　芸術！
おお　芸術よ！
汝は友愛の広場
万人が相集《あいつど》い　握手《あくしゅ》し笑《え》みを交わす

かつて　西の文人は謳《うた》った
「東は東、西は西――

だが両巨人《きょじん》の相見《あいまみ》えん時
東西も、国境、出自《しゅつじ》もありえぬ」と
時を同じくして　東の詩人も謳った
「東洋も西洋も
人類の祭壇《さいだん》の前に婚《こん》せよ」と

今　芸術は
その手もて　魂《たましい》を誘《いざな》う
心なごむ　癒《いや》しの森へ
天《あま》かける　想像力の花園へ
いと高き　英知の台《うてな》へ
そして

地球文明の　はるかなる地平へ――

と謳い上げ、また祈りつつ、本日の記念のスピーチを終わります。

（平成元年6月14日　フランス学士院）

モスクワ大学記念講演
人間——大いなるコスモス

(写真＝モスクワ大学)

尊敬する諸先生方、並びに親愛なる学生の皆さま。きょうは、十九年前と同じ、この懐《なつ》かしい文化宮殿におきまして、再び、講演の機会《きかい》をいただきました。私の最大の栄誉《えいよ》と思っております。サドーヴニチィ総長をはじめ、関係者の方々に、心から御礼申し上げます。こうして、若き学生の皆さまと語り合うことができ、私は、何よりも、うれしく思っております。

本年一月、モスクワ市民と、アメリカのクリントン大統領との対話の折、貴大学の学生がさわやかに発言する姿が、日本でも放映《ほうえい》されました。

外国語学部の女子学生は、流暢《りゅうちょう》な英語で、「我が国には、大いなる精神の力が秘《ひ》められております。近い将来、あらゆる意味で、世界の文化的な中心になっていくと信じています」と語っておりました。青春の真摯《しんし》な情熱が光る、まことにすがすがしい光景でありました。
貴大学の偉大なる創立者ロモノーソフは、逝去《せいきょ》の直前に、高らかに謳《うた》い上げております。

麗《うるわ》しき広大なる　わが大地に
悲運が襲《おそ》う　その時代にこそ
私の歩み残した　この道に続きゆく
英知の青年を　息子《むすこ》たちを　ロシアは生むだろう
（斎藤えく子訳）

建学以来、二百四十星霜《せいそう》――。貴大学は、この創立者の魂《たましい》の叫《さけ》びに、厳然《げんぜん》と応《こた》えておられます。なんと崇高《すうこう》なる、教育のロマンでありましょうか。

「未来の果を知らんと欲《ほっ》せば其《そ》の現在の因を見よ」(「開目抄《かいもくしょう》」御書二三一ページ)とは仏典に説かれた一節であります。皆さま方、青年こそ、貴国、そして世界の「無限の希望」であることを、私は、深く強く、確信してやみません。

さて、思えば一九七四年、貴大学から招聘《しょうへい》いただき、初めて貴国への旅につこうとしたとき、私は、日本の多くの人から、詰問《きつもん》されました。「仏法者のあなたが、宗教敵視《てきし》のイデオロギーの国へ、なぜ行くのか」と。この声に、私は一言、「我々と同じ人間がいるから行くのです」と答えました。

以来二十年の歳月が流れ、ポスト・イデオロギーの社会にあって、いやまして、スポット・ライトを浴びているのは、「人間」及び「人間の生き方」ではないでしょうか。

例えば、現代ロシアの文豪《ぶんごう》ソルジェニーツィン氏の次のような提言は、その一つの証左《しょうさ》でありましょう。「人間が立派であれば、どんな国家体制も良いものになるだろうし、人間が悪意にみちて互《たが》いに裏切《うらぎ》るような間柄《あいだがら》であれば、最も進歩した民主主義体制でも耐《た》えられないものになってしまう。もし人間そのものに正義と誠実《せいじつ》が欠けていれば、どんな国家体制になっても、必ずやそれが表面化するだろう」（『甦《よみがえ》れ、わがロシアよ――私なりの改革《かいかく》への提言』木村浩訳、日本放送出版協会）と。

すべては「人間」に始まり、「人間」に帰着《きちゃく》するのであります。とはいえ、トルストイが、「不可解《ふかかい》なもの、それは人間である」（『人生の知恵――トルストイの言葉』小沼文彦訳編、彌生書房）と慨嘆《がいたん》したごとく、古来、「人間」について、おびただしい考察がなされてきました。にもかかわらず、その謎《なぞ》が解明されたとは、とうてい、言えません。なかんずく、「心」という問題、また「幸福」に関しては、科学や経済の尺度だけでは、決して計《はか》り知れない課題《かだい》であります。

更に、多くの精神的遺産《いさん》があっても、現実社会で生かされているかというと、世紀末の暗雲の垂れこめている昨今、はなはだ、心もとないのであります。そうしたなかで、なおかつ「人間」に焦点《しょうてん》を当てるとなれば、よほど鮮烈《せんれつ》な光源《こうげん》をもって臨《のぞ》まねばならないでありましょう。

私なりに、その問題意識を踏《ふ》まえ、「人間――大いなるコスモス」と題して、若干《じゃっかん》の考察を試《こころ》みさせていただきたいと思います。（拍手）

「自《みずか》らの命に生きよ！」――私の恩師《おんし》である、戸田城聖創価学会第二代会長は、青年に、こう呼びかけました。あの第二次大戦中、二年に及ぶ投獄《とうごく》にも屈《くっ》することなく、平和への信念を貫《つらぬ》いた恩師は、あらゆる価値観《かちかん》が崩壊《ほうかい》し、転倒《てんとう》した戦後の荒《こう》野《や》にあって、「生命」という原点《げんてん》に立ち返り、汝自《なんじ》身の「人間革命」から出発していくことを訴《うった》えたのであります。それはまた、釈尊《しゃくそん》が残した、「自己こそ自分の主《あるじ》である。他人がどうして（自分の）主であろうか？　自己をよくととのえたならば、得《え》難《がた》き主を得る」（『ブッダの真理のことば　感興《かんきょう》のことば』中村元訳、岩波文庫）というメッセージの再生でもありました。

いささか飛躍《ひやく》いたしますが、私は、貴国の文学者メレシコフスキーが掲《かか》げる「人間は自らの主たれ」という命題《めいだい》を想起《そうき》するのであります。これは、彼の手になる『ピョートル大帝伝』の冒頭《ぼうとう》、三たび繰《く》り返される有名な言葉であります。大帝の強引《ごういん》な改革《かいかく》を、どう評価するかは、西欧派とスラブ派との、間断《かんだん》なき競合《きょうごう》の経緯《けいい》に見られるように、ロシア近代史を揺《ゆ》さぶり続けた、最大の難問《なんもん》であることは、申すまでもありません。一部の人々にとって、大帝が、「反キリスト」を思わせる姿を見せていることもまた、周知の事実であります。

私は、貴国の精神史の壮大な水脈を一貫《いっかん》して流れ続けているのが、「人間はいかにして、自らの主たりうるか」という永遠の問いかけではなかったか、と思う一人であります。これこそ、近代ロシアで、人類史上かつてなかったほど、熱烈《ねっれつ》に人々の心を占拠《せんきょ》し、焼き尽《つ》くした主題であったとは、いえないでしょうか。一面からいえば、ピョートル大帝自身が、その問いに、生涯《しょうがい》をかけて、答えを出そうと模索《もさく》した巨人であったと思います。

プーシキンが、「おお　運命の威力《いりょく》ある支配者よ！」（『オネーギン・物語詩Ⅱ』木村彰一訳、『プーシキン全集』2所収、河出書房新社）と呼び、ゲルツェンが、「ロシヤにおける最初の解放されたる個性」（『ロシヤにおける革命思想の発達について』金子幸彦訳、岩波文庫）と評したように、彼は、単なる改革者ではなかった。自らの運命と、ロシアの運命とを、あたかもアトラス（ギリシャ神話の「天を支《ささ》える巨人」）のごとく、双肩《そうけん》に担《にな》い続けたのであります。それはロシアに限りません。西欧の近代文明の、有無を言わせぬ攻勢《こうせい》にどう対処《たいしょ》するかは、他の文明にも、共通の課題《かだい》でありました。

それは、さしあたっては軍事技術や経済面での改革が優先《ゆうせん》されつつ、やがて文化面へと及び、自らの文明の主体性が脅《おびや》かされ、自我《じが》の浮遊化《ふゆうか》をもたらしてしまうのであります。

日本においても、近代の代表的文学者である夏目漱石《なつめそうせき》は、若き日の自分を「嚢《ふくろ》の中に詰《つ》められて出る事の出来ない人」（『夏目漱石全集』10、筑摩書房）に譬《たと》えておりました。

それから一世紀を経《へ》て、日本は、当時と比較《ひかく》にならない変化を遂《と》げてまいりました。しかし、今の青年たちが、幸福かどうか、はたして現状に満足しているかどうかは、疑問と言わざるを得ないのであります。

「人間」が創造・建設の方向へ

社会的な問題がない状態が、はたして幸せかといえば、それも幻想《げんそう》であります。そうした幸せは、流動的なものだからであります。現代日本の多くの青年は、いわゆる国家的目標はもたず、集団などに対する帰属《きぞく》意識も、希薄《きはく》なようであります。

確かに、かつてない自由がありますが、その一方で、明確な目標もなく、なにかモヤモヤした心のカオスを抱《かか》えている青年は、決して少なくないのであります。常に煩悶《はんもん》の連続であるのが、人間の業《ごう》といえるかもしれません。また、刹那《せつな》主義や享《きょう》楽《らく》主義の青年もおります。

最近の高校生の国際的な比較調査でも、将来に希望をもてず、「今さえ楽しければ、それでよい」とする傾向《けいこう》が、日本では特に強いという結果が出ております。

一時的な経済の繁栄《はんえい》とは裏腹《うらはら》に、精神文化が著《いちじる》しく停滞《ていたい》してしまったことは、否《いな》めないのが現実であります。

それとは反対に、新しい世界の平和秩序《ちつじょ》を志向《しこう》しながら、自分なりの使命感、国家観をもとうとしている青年もおります。

また、「人生いかに生くべきか」という問題に、真っ正面から取り組んでいる青年もおります。

その意味で、「善の方向」「建設の方向」「創造の方向」を見いだすべく、「哲学」また「宗教」への新たな希求《ききゅう》が始まっていると私は見たいのであります。

こうした歴史の趨勢《すうせい》のなかで、人間はいかにして「汝自身《なんじ》の主」たりうるか——。

このテーマへの確かな解答を探求《たんきゅう》するとき、私が思い起こすのは、貴大学で教鞭《きょうべん》をとった大哲学者ベルジャーエフの名著『わが生涯《しょうがい》』での、誠実《せいじつ》なる回想であります。

いわく、「私は私の人格の孤絶化《こぜつか》を、自己内部に閉《と》じ籠《こ》もることを、自己主張を、求めたのではなかった。私は宇宙のなかに開きでることを、宇宙の内実に充満《じゅうまん》されることを、一切との交わりをもつことを、求めたのである。私は小宇宙（ミクロ・コスモス）たらんと欲した」（『わが生涯　哲学的自叙伝の試み』志波一富・重原淳郎訳、

『ベルジャーエフ著作集』8所収、白水社）と。

ここには、人間が自らの「主」となることによって、手にできる生の充足感《じゅうそくかん》、また、宇宙を呼吸しゆく生命空間の無限の拡大感《かくだいかん》など、いうなれば、大いなるコスモス感覚が、まぎれもなく、浮き彫《ぼ》りにされております。

その輝《かがや》きは、世紀末の闇《やみ》を照射《しょうしゃ》しゆく光源《こうげん》として、大乗《だいじょう》仏教とも深い次元で通じ合っているように、私には思えてならないのであります。

大乗仏教の知見では、信仰による生命変革《へんかく》、人間形成の特徴《とくちょう》を、「開く」「具足《ぐそく》・円満」「蘇生《そせい》」という三つの角度から論じております。ここでは、こうした仏教的観点を「規範性《きはんせい》」「普遍《ふへん》性」「内発性」の三項目に敷衍《ふえん》しながら、ロシアの力強き人間主義の脈動に注目してみたいと思うのであります。

第一に「開く」とは、依《よ》って生きるところの根本規範を、人間自身の内面から開いていく、という意味であります。仏教では、すべての人々に、「仏性《ぶっしょう》」という仏《ほとけ》の性分《しょうぶん》、すなわち、理想的人間形成の種子、可能性が平等に具《そなわ》っている、と洞察《どうさつ》しております。

この「仏性」は、金剛《こんごう》にして不壊《ふえ》、清浄《せいじょう》にして無垢《むく》なる本質を有し、開示《かいじ》された「仏性」は、まさに「自《みずか》らの主」として、人生の幸福を決定づける機軸《きじく》となっていくのであります。

しかし、日常的には、「仏性」は、様々《さまざま》な邪見《じゃけん》、偏見《へんけん》、謬見《びゅうけん》（あやまった見方）などの、煩悩《ぼんのう》の奥深くに埋没《まいぼつ》してしまっております。ゆえに、幾層《いくそう》もの分厚《ぶあつ》い外皮を破《やぶ》って、潜在《せんざい》している「仏性」への突破口《とっぱこう》を開き、全面的に開花させていかねばなりません。

「開く」とは規範《きはん》の開示であります。仏とは、どこか遠くの神秘的《しんぴてき》な存在であると捉《とら》え、我が生命に「仏性」があることを信じられない人々のために、『法華経《ほけきょう》』

では、数々の譬喩《ひゆ》が用いられております。

その一つには——ある貧《まず》しい人が、裕福《ゆうふく》な友人の家へ遊びに行った。歓談しているうちに、彼は寝込《ねこ》んでしまう。友人は彼のためを思い、着衣の裏《うら》に高価な宝珠《ほうじゅ》を、そっと縫《ぬ》い込んであげた。翌朝、それを知らずして友人宅を去った彼は、自分が宝珠を持っていることに、少しも気づかず、貧乏《びんぼう》暮らしの苦労を続ける。何年かのち、友人は、相変わらず、みすぼらしい彼を見て驚《おどろ》き、縫い込まれた宝珠の所在を教えてあげると、貧人は大いに歓喜した——とあります。この宝珠とは、知ると知らざるとにかかわらず、すべての人が平等に有している「仏性」のことであります。

このように、仏性とは、生きるうえでの根本規範であり、かつて古代ギリシャの数学者アルキメデスが「私に立つ場所を与えるなら、地球をも動かしてみせる」と語った、堅固《けんご》な足場、つまり〝アルキメデスの支点〟にあたるのであります。こうした根本規範に目覚めた人間ほど、強いものはないでありましょう。

ここで、私の大好きなトルストイの大作『アンナ・カレーニナ』を連想すれば、作者の自画像といわれるレーヴィンが、「われとは何か、なんのために生きているのか」（中村白葉訳、『トルストイ全集』8所収、河出書房新社）等々、いわば「規範《きはん》」への求道《きゅうどう》を続けるなかで、一農夫の言葉から新境地を開いていく、有名なシーン（場面）があります。

「ある人間は、ただ自分の欲だけで暮《く》らしていて、ミチュハーなんざその口で、ただうぬが腹《はら》をこやすことばかりしてるですが、フォカーヌイチときたら、正直まっとうな年よりですからな。あのひとは、魂《たましい》のために生きてるです。神さまをおぼえていますだよ」（同前）と。

この無名の農夫の言葉は、電撃《でんげき》のように、彼の心を貫《つらぬ》きます。

魂と魂との触発《しょくはつ》という点では、世界の文学史上でも屈指《くっし》の、印象鮮《いんしょうあざ》やかなシーンであります。まさしく、「魂のために」と形容される規範を獲得《かくとく》することによって、眼前に、思いもかけぬ生命世界が、みずみずしくも絢爛《けんらん》と、開示《かいじ》されていくのであります。こうした〝暗〟から〝明〟、〝闇《やみ》〟から〝光〟への回心のドラマは、トルストイの世界に、しばしば登場いたします。それは、初期の『コサック』などに、荒々しい原初の姿を帯びて描《えが》かれ、『戦争と平和』のピエールや、このレーヴィンの思索《しさく》へと連動しております。その、苦悩《くのう》と試練《しれん》の果《は》てに、忽然《こつぜん》と開けゆく人間的な大感情は、むしろ未完成なるがゆえに、かえって重厚《じゅうこう》な余韻《よいん》を漂《ただよ》わせつつ、青年の琴線《きんせん》に響《ひび》くのではないでしょうか。

仏教に対するトルストイの造詣《ぞうけい》は、よく知られておりますが、彼の天才がつむぎ出す「生のダイナミズム」は、なかんずく法華経《ほけきょう》で説かれている躍動感《やくどうかん》あふれる生命観と、強く共鳴《きょうめい》し合っております。

それはまた、生命の本然的な凱歌《がいか》にほかならないと、私は申し上げておきたいのであります。

いずれにせよ、「人間は考える葦《あし》」（パスカル）であります。自分自身の確固たる人生観、社会観、宇宙観を築《きず》き上げるところに、人間としての証《あかし》があるといってよいでありましょう。自分で目的を創《つく》り、自《みずか》らよしとして、悔《く》いなき人生を生ききった人こそ、幸福なのであります。

第二に「具足《ぐそく》・円満」とは、開示《かいじ》された規範《きはん》は、決して部分観や差別観であってはならない。つまり、人間同士はもとより、自然や宇宙をも平等に余すところなく具足する、全体観、包括的《ほうかつてき》世界観でなければならない、ということであります。従って「具足・円満」とは、生命が、世界から宇宙へと「普遍性《ふへんせい》」を獲得《かくとく》し、拡《かく》大《だい》しゆく姿であるといってよいでありましょう。

これは、科学や理性でいう普遍性とは、次元を異《こと》にしております。なぜなら、そこでいう普遍性は、現実と切り離《はな》された抽象的《ちゆうしようてき》次元で、自己完結しており、いわば、非人称的で画一《かくいつ》的な世界だからであります。その次元では、確かに強力な力を発揮《はつき》し、事実、科学技術文明は、加速度的に、世界を席巻《せつけん》してまいりました。しかし、かつてない大量死（メガ・デス）の悲劇《ひげき》を経験してきた今世紀の人類は、科学や理性の働きを手放しで楽観できるわけでは決してありません。

万物と「共に生きる」生命感覚

私の申し上げたい「普遍性」とは、人間・自然・宇宙が共存《きようそん》し、小宇宙（ミクロ・コスモス）と大宇宙（マクロ・コスモス）が、一個の生命体として融合《ゆうごう》しゆく「共生」の秩序感覚《ちつじよかんかく》、コスモス感覚であります。

「共生」を、仏教では「縁起《えんぎ》」といいます。「縁《よ》りて起こる」とあるように、人間界であれ、自然界であれ、単独で生起する現象《げんしょう》は、何もない。万物は互いに関係し合い、依存《いそん》し合いながら、一つのコスモスを形成し、流転《るてん》していく、と観ずるのであります。

ゆえに、そこでは、万物一体の生命感覚の広大な広がりのなかに、理性をどう正しく位置づけていくかが、大きな課題《かだい》となってまいります。

その点から見ても、トルストイが描写《びょうしゃ》する、レーヴィンの感受性は、まことにユニークであります。夏の暑い日、森の中の草の上に、仰向《あおむ》けに寝ころんで、一片《いっぺん》の雲もない大空を眺《なが》めながら、彼は一人考えます。

「無限《むげん》の空間についての知識はりっぱにもちながら、はっきりした青い円天井《まるてんじょう》を目にすることも、疑いなく正しいのだ」（中村白葉訳、前掲書）と。

宇宙を「無限の空間」と認識する知性の眼とともに、「青い円天井」と見る感性のほうも、また正しいとするこの独白《どくはく》は、古色蒼然《こしょくそうぜん》たる〝天動説〟への逆行などでは、全《まった》くありません。それは、研《と》ぎすまされた、鋭敏《えいびん》な精神によって可能な、先見的な近代批判の結晶《けっしょう》であります。しかも、以来百数十年を経《へ》た、現代科学の知見は、必ずしも、宇宙を「無限の空間」とする見方に、軍配を上げるとはかぎらないのであります。レーヴィンのこうした「普遍性《ふへんせい》」の感触《かんしょく》は、従って、合理主義の壟断《ろうだん》する、荒涼《こうりょう》たる世界ではない。喜びや癒《いや》し、愛や献身《けんしん》、憐《あわ》れみや共感など、人間性の温《ぬく》もりを伝えながら、生々躍動《せいせいやくどう》している、宇宙生命の鼓動《こどう》そのものであると思うのであります。

民族問題を超《こ》える和合のヒューマニズムを

特筆すべきは、トルストイの放射《ほうしゃ》する「普遍性」が、当時も今も国際紛争《ふんそう》の一図《いっきょう》である、民族問題の閉鎖性《へいさせい》に、実に的確な問い直しを、促《うなが》していることであります。

セルビア戦争への参加を義挙《ぎきょ》として燃《も》え上がった自己犠牲《ぎせい》への民族的熱狂《ねっきょう》に水をさすように、レーヴィンは言います。

「しかし、単に犠牲になるだけでなく、トルコ人を殺すんじゃありませんか」

「民衆が犠牲になり、また犠牲になるのをいとわない気持でいるのは、ただ自分の魂《たましい》のためであって、殺人のためではありませんからね」(同前)と。

こうした生き生きとした「普遍性」の光彩《こうさい》なくして、ヒューマニズムやグローバリズムの地平には、いつまでたっても到達《とうたつ》できないでありましょう。

とともに、人生の生き方にあっても、崩《くず》れざる絶対的幸福とは、他者のために尽《つ》くしながら、「小我《しょうが》」から「大我《たいが》」へ、自我《じが》を拡大《かくだい》しゆくなかにこそ築《きず》かれるものであると、私は思う一人であります。

第三に「蘇生《そせい》」とは、物事を固定化せず、「今日《きょう》より明日《あす》へ」と蘇《よみがえ》りゆく創造的《そうぞうてき》生命のダイナミズムを保《たも》ち続けることであります。

ギリシャの哲人《てつじん》ヘラクレイトスいわく、「万物は流転《るてん》する」と。

仏教でも、物事は、一時として同じ状態にとどまらず、いかに堅牢《けんろう》に見える鉱石も、いつかは摩滅《まめつ》し、損壊《そんかい》していく運命を免《まぬか》れないと説きます。まして人間社会は、すべてが、変化変化の連続であります。

ゆえに、現状に安住しようとする惰性《だせい》の殻《から》を打ち破り、その内なる変化の律動《りつどう》を、敏感《びんかん》に聞き取っていくことこそが、万物を蘇生《そせい》させゆく要諦《ようてい》となります。

私どもの信奉《しんぽう》する仏法では「自身法性《ほっしょう》の大地を生死生死《しょうじ》と転《め》ぐり行くなり」（「御義口伝《おんぎくでん》」御書七二四ページ）と説いております。永遠の生命を貫《つらぬ》く本源的《ほんげんてき》な蘇生の力が、人間自身に内在することを、明快に示しているのであります。

まさしく、「蘇生」とは、「内発性」の異名《いみょう》であります。

この「内発性」ということは、ともすればドグマ（教条主義）に呪縛《じゅばく》されがちな宗教にとって、何にもまして心せねばならない肝要《かんよう》中の肝要といってよいでありましょう。

この点、トルストイの分身たるレーヴィンは、「神性の現《あらわ》れ」を、自分のうちに感じながら、こう自問しております。〝ほかのユダヤ教徒や、マホメット教徒や、儒教《じゅきょう》の徒や、仏教徒――彼らは、この最善の幸福を奪《うば》われているのだろうか?〟と。

レーヴィンが実感している「善の法則」は、まぎれもなく、内発的な啓示《けいじ》であります。その幸福は、キリスト教徒に限られているのか、異教徒はどうなるのか?

彼は、こうした懐疑《かいぎ》を「危険《きけん》」な問いかけであるという。

しかし、宗教がドグマや狂信《きょうしん》に陥《おちい》らないために、絶対に避《さ》けて通れぬ問いかけであります。

なぜなら、レーヴィン的懐疑こそ、内面を見つめ直し、日々新たな自分を作り上げていこうとする内発的な力であるからであります。

それは古来、人格的な価値《かち》の枢軸《すうじく》を成す「謙虚《けんきょ》さ」、そして「寛容《かんよう》さ」を生み出す母体《ぼたい》でありました。

また、その「内発性」をおろそかにしたがゆえに、宗教史には、独善や傲慢《ごうまん》が横行《おうこう》し、「宗教のため」に人間が傷《きず》つけ合うという転倒《てんとう》が繰《く》り返されてきたのであります。

先ほど申し上げた「規範性《きはんせい》」には、依《よ》って立つ足場に対する確信が、当然、ともなうでありましょう。しかし、レーヴィンのように、その「規範」の正しさを常に問いかける内省《ないせい》の眼があってこそ、「規範」は化石化せず、生き生きと創造《そうぞう》の営みを続けられるのであります。

逆に言えば、謙虚さや寛容さといった内発的な人格的価値に結実しない「規範性」は、どこか虚偽《きょぎ》やごまかしがあると、言わざるを得ません。

「規範性」と「内発性」は、両々相《りょうりょうあい》まってこそ、優《すぐ》れて人格的な力となっていくわけであります。

ゆえに強い人ほど謙虚《けんきょ》であり、確信の人ほど寛容《かんよう》なのであります。

そうした人格形成を支《ささ》え、「自《みずか》らの主たれ」と励《はげ》ましていくのが、真実の宗教の使命ではないでしょうか。だからこそ、仏典では、「心こそ大切なれ」という簡潔《かんけつ》な言葉で、「内発性」を勧《すす》めております。

また、釈尊《しゃくそん》の生涯《しょうがい》の最大の目的を「人の振《ふ》る舞《ま》い」として、人格の錬磨《れんま》、完成こそ、修行の眼目と位置づけているのであります。

改めて論ずるまでもありませんが、「地球的連帯の世紀」へ向け、宗教、民族、国家などの壁《かべ》を超《こ》えた「平和への対話」と「文化・教育の交流」が、ますます要請《ようせい》されております。

とともに、無原則な離合集散《りごうしゅうさん》ではなく、それぞれが、こうした人格形成の競《きそ》い合い、いうなれば「世界市民」輩出《はいしゅつ》の競争をしゆくことが、より創造的《そうぞうてき》であろうと、私は思うのであります。いずれの社会にあっても、よい意味での競い合いこそが、進歩の法則だからであります。

「創価教育」の原点である牧口常三郎初代会長は、日本の軍国主義と戦い、七十三歳で獄死《ごくし》いたしましたが、既《すで》に今世紀の初頭、〝人類は、もはや「軍事的競争」でもなく、「政治的競争」でも、「経済的競争」でもなく、「人道的競争」の時代を志向《しこう》すべきである〟と提唱《ていしょう》しておりました。その人道的競争にあって、我が敬愛《けいあい》するモスクワ大学の学生の皆さまが、二十一世紀のトップ・ランナーとして、さっそうと躍《おど》り出るであろうことを、私は期待してやまないのであります。（大拍手）

以上、仏教の知見をベースに、トルストイの名作に言及《げんきゅう》しながら、人間が「自《みずか》らの主」となり、「大いなるコスモス」へと人格形成していくための私なりのアプローチを「規範《きはん》性」「普遍《ふへん》性」「内発性」の三つの角度から申し述べさせていただきました。

ともあれ、未来世紀を指呼《しこ》の間に望み、カオスをコスモスに転じゆく主役、機軸《きじく》となるのが、「人間」であります。

宗教も哲学も、文化や政治、経済も、その一点へと、収斂《しゅうれん》されていかねばならない時代であります。

私もまた、皆さま方と手を携《たずさ》え、この人間復興《ふっこう》の大道を、力のかぎり走り抜いていく決心であります。

終わりに、「詩心の国」ロシアの美しき詩の一節を、皆さまに捧《ささ》げたいと思います。

大空にあって　大胆《だいたん》たれ！
歓喜のなかに　己《おの》が使命に目覚めよ！
……　……　……

見よ！　陽光が
時に　空を金色《こんじき》に染《そ》め
時に　薄雲《うすぐも》に見え隠《かく》れする
銀の月は　漂《ただよ》い
田園には　春の美しさが萌《も》え出《い》でて
薔薇《ばら》の蕾《つぼみ》が脹《ふく》らむ
草の下には　清流が流れ
岡の上では　葡萄《ぶどう》の枝が輝《かがや》き
静寂《しじま》の中に　そよ風の吐息《といき》が洩《も》れる
すべてが　君のものだ
歓《よろこ》びをもって　人生の華《はな》を勝ちとり給《たま》え
天の恵《めぐ》みを　安らかに受けよ

この世は　悪《あ》しき快楽と不幸の谷間には非《あら》ず
君よ！　幸福なれ
迷《まよ》うことなかれ
なべての恵《めぐ》みの源《みなもと》を忘《わす》れまい
『真実』と『法』を尊《とうと》び
世の人々に　善をなし給《たま》え
その時　君は　なんの畏怖《いふ》もなく　無常を去り
そして　闇《やみ》にあって　暁《あかつき》を信ずることだろう
（斎藤えく子訳）

プーシキンが謳《うた》ったとされる、この詩のごとく、闇が深ければ深いほど、暁は近い。希望あるかぎり、幸福は輝くのであります。

新たなる人類文明の希望の暁——その時代を、諸先生方とともに、皆さまととももに確信しながら、私の講演とさせていただきます。

ご清聴《せいちょう》、ありがとうございました。スパシーバ！（ありがとうございました）

（平成６年５月17日　モスクワ大学・文化宮殿）

ガンジー記念館記念講演

不戦世界を目指して

——ガンジー主義と現代

（写真＝講演会場となったインド国立博物館）

本日は、ご多忙《たぼう》のなか、ご列席いただいた、尊敬するラマ・レディ大学基金委員会議長、パンディ・ガンジー記念館副議長、アショーカ・コーシ同理事、ラダクリシュナン同館長をはじめ、皆さま方に、厚く御礼申し上げます。〝精神の大国〟インドの伝統あるこのガンジー記念館からお招きいただき、このように講演の機会《きかい》をいただいたことは、私の最も光栄とするところであります。

マハトマ・ガンジーが生涯《しょうがい》を終えた地を原点として、その不滅《ふめつ》の精神を、世界へ、未来へ、脈々と伝えゆかれんとする貴記念館のご努力に、私は満腔《まんこう》の敬意《けいい》を表する一人であります。

昨年秋、来日された館長とも、お互いの師匠《ししょう》の思い出に触《ふ》れながら、師匠から弟子へと受け継《つ》がれていく「精神の継承《けいしょう》」をめぐって、ゆっくりと語り合いました。実は、本日二月十一日は、私の亡《な》き恩師戸田城聖創価学会第二代会長の誕生日なのであります。恩師は、一九〇〇年の生まれでありますから、ガンジーとは、ほぼ三十歳の年齢差であります。

第二次世界大戦中、ガンジーが、最後の獄中闘争《ごくちゅうとうそう》を行っているとき、我が恩師も、日本の軍国主義と戦い、牢獄《ろうごく》にありました。恩師は、ガンジーのごとく、信念の平和主義者でありました。慈愛《じあい》の民衆指導者でありました。独創《どくそう》の歴史変革者《へんかくしゃ》でもありました。

私どもの「平和」と「文化」と「教育」の運動は、すべてこの恩師の精神と行動を受け継いだものであります。恩師は、こよなく貴国を敬愛《けいあい》しておりました。いつの日か、この憧《あこが》れのインドの大地を踏《ふ》み、インドの哲人《てつじん》たちと心ゆくまで語り合いたいと願っておりました。その意味において、私は、この席に恩師と二人して臨《のぞ》んでいるような感慨《かんがい》を禁じ得ないのであります。

さて、私どもは現在、一世紀に一度あるかないかの大変革期に直面しております。世紀末に変動はつきものと言われておりますが、ゴルバチョフ氏のペレストロイカに先導された歴史の流れは、文字どおり堰《せき》を切られた奔流《ほんりゅう》のように、ペレストロイカそのものをも、飲み込んでしまいました。ベルリンの壁《かべ》の崩壊《ほうかい》からソ連邦の消滅《しょうめつ》に至る、ここ数年の動きは、あらゆる歴史家の予測を大きく上回ってしまいました。

その結果、自由を求める民衆の声は、もはや、いかなる権力をもってしても抑圧《よくあつ》できないという事実が明らかになってきた反面、歴史はいかなるイデオロギーや理念の指標ももたず、海図なき航海を余儀《よぎ》なくされつつあることも否定《ひてい》できません。

そうしたカオス（混沌《こんとん》）が強まれば強まるほど、私は、狂瀾怒濤《きょうらんどとう》の逆巻《さかま》く歴史の川面《かわも》の底深く、静かに、訴《うった》えるように語りかけてくるマハトマ・ガンジーの声に耳を傾けざるを得ないのであります。

「ロシアで起こっていることは謎《なぞ》です。私はこれまでロシアについてはほとんど語りませんでしたが、ロシアの経験が究極的に成功するとはとても思えません。あれは非暴力主義に対する挑戦《ちょうせん》のように思われます。それは成功しそうに見えますが、その背後《はいご》には力（暴力）があります。社会をその狭《せま》い通路のうちに保《たも》つのに、その力がどのくらいのあいだ有効なのか私には分かりません。インド人がロシアの影響《えいきょう》をうけた場合には、極端《きょくたん》な不寛容《ふかんよう》へとみちびかれることになります」（書簡「ガンジーとロマン・ロラン」蛯原徳夫訳、『ロマン・ロラン全集』42所収）と。

ご存じのように、この言葉は、一九三一年十二月、スイスのレマン湖畔《こはん》に病身のロマン・ロランを訪問したガンジーが、ロランに語ったものであります。いうまでもなく、当時は、ファシズムの軍靴《ぐんか》の音が近づくなか、ロシア革命は人類史上の希望の星として、多くの人々の心を捉《とら》えており、ボルシェヴィズムの暗黒面であるテロや暴力も、さして表面化していないころであります。

ゆえに、熱烈《ねつれつ》な平和主義者ロランなども、「ガンヂーの革命とレーニンのそれと、二つが、今日《こんにち》、同盟《どうめい》して、旧《ふる》い世界を覆《くつがえ》す、新しい秩序《ちつじょ》を建設する」(「インド――日記」宮本正清・波多野茂弥訳、同全集31所収)ための架橋《かきょう》作業に、腐心《ふしん》しておりました。そうした時期だけに、限られた情報のもと、もっぱら体験によって鍛《きた》え上げられた曇《くも》りなき目で、暴力や不寛容というボルシェヴィズムの宿命的ともいうべき悪をえぐっているガンジーの先見性は特筆されてよいでありましょう。

ソ連邦崩壊《ほうかい》の決定打となった昨年八月のクーデター失敗の直後、モスクワの広場で秘密警察《ひみつけいさつ》の創設者《そうせつしゃ》ジェルジンスキーの巨大な像が引きずり倒され、民衆の足蹴《あしげ》にされる映像《えいぞう》を見つめながら、先入観にとらわれず、一直線に物事の本質に迫《せま》るガンジーの眼識《がんしき》の確かさを、私は改めて痛感《つうかん》した一人であります。

ガンジー主義は人類の至宝

さて、未曾有《みぞう》の「戦争」と「暴力」の世紀を終えようとしている今日、この「人類の至宝《しほう》」にして「二十世紀の奇跡《きせき》」ともいうべき先哲《せんてつ》から、不戦世界を目指すため、私どもが学び受け継《つ》いでいくべき遺産《いさん》は、何でありましょうか。私なりに、「楽観主義」「実践《じっせん》」「民衆」「総体性」の四点に絞《しぼ》って申し上げてみたい。

まず第一に、その透徹《とうてつ》した「楽観主義」であります。思想の人であれ、経綸《けいりん》の人であれ、古来卓越《こらいたくえつ》した人物は、ほぼ例外なく楽観主義者の風格をもっているようであります。そのなかでも、ガンジーほど、けれん味なく、鮮《あざ》やかな軌跡《きせき》でそれを生き抜いた人は、まことに稀《まれ》であると私は思っております。

彼は語っております。

「私はどこまでも楽観主義者である。正義が栄えるという証拠《しょうこ》を示し得るというのではなく、究極《きゅうきょく》においては正義が栄えるに違いないという断固たる信仰を抱《いだ》いているからである」（K・クリパラーニー編『抵抗《ていこう》するな・屈服《くっぷく》するな――ガンジー語録』古賀勝郎訳、朝日新聞社）

また「わたしは手に負《お》えないオプティミストです。わたしのオプティミズムは、非暴力《ひぼうりょく》を発揮《はっき》しうる個人の能力の、無限の可能性への信念にもとづいています」（マハトマ・ガンディー『わたしの非暴力』I、森本達雄訳、みすず書房）と。ここに明らかなように、ガンジーの「楽観主義」は、客観情勢《きゃっかんじょうせい》の分析《ぶんせき》や見通しに依拠《いきょ》して生み出されたものでは決してない。それでは単なる相対論《そうたいろん》でしかありません。正義といい、非暴力といい、徹底《てってい》した自己洞察《どうさつ》の結果、無条件に己《おの》が心中に打ち立てられた、人間への絶対的な信頼《しんらい》であり、死をもってしても奪《うば》い取ることのできない不壊《ふえ》の信念であった。

私はそこに、常に己《おのれ》に立ち返ることから出発する、東洋の演繹的発想《えんえきてきはっそう》の粋《すい》を見る思いがするのであります。無条件なるがゆえに、そこには永遠に行き詰《づ》まりはなく、自《みず》ら信念の道を放棄《ほうき》してしまわないかぎり、彼の「楽観主義」は、限りなき希望の展望《てんぼう》と勝利とを約束されているのであります。

「暴力肯定の世界」は崩壊へ

「非暴力には敗北《はいぼく》などというものはない。これに対して、暴力の果《は》てはかならず敗北である」（同前）との、静かななかにも不敵な自信をのぞかせた言葉は、まさに汝《なんじ》自身の胸中《きょうちゅう》を制覇《せいは》した人のみがよく発しうる、精神の勝ちどきであります。勝利の声であります。

想像するに、数々の試《し》練《れん》によって鍛《きた》え上げられていった、ガンジーの境涯《きょうがい》は、獄《ごく》中《ちゅう》で抗議《こうぎ》の断食《だんじき》を続けているときも、ファシズムの脅威《きょうい》を前に、暴力か非暴力かののっぴきならぬ選択《せんたく》を迫《せま》られているときも、あるいは、カルカッタやベンガルで地域抗争《こうそう》による悪戦苦闘《あくせんくとう》を強《し》いられているときも、黒雲を突き抜けた先にどこまでも広がる、澄《す》みきった青空のようであったにちがいない。

だからこそ「楽観主義」を標榜《ひょうぼう》できたのであり、そこに、非暴力という人間の善性の極限、すなわち臆病《おくびょう》や卑《ひ》屈《くつ》による〝弱者の非暴力〟ではなく、勇気に裏付けられた〝強者の非暴力〟を民衆と分かち合おうとした、ガンジー主義の真髄《しんずい》があると、私は思うのであります。

その原則を曲げて、安易《あんい》に〝弱さ〟や〝暴力〟の誘惑《ゆうわく》に屈《くっ》し不純物《ふじゅんぶつ》を混入してしまえば、たとえ一時的に成功を収《おさ》めようとも、ガンジー主義とは異《こと》なるものになってしまう。

ロマン・ロランの言う「天稟《てんぴん》（＝生まれつき）の宗教家であり、必要に迫《せま》られてなった政治家」（『マハトマ・ガンジー』宮本正清訳、同全集14所収）であったガンジーにとって、人間の人間であることの証《あかし》ともいうべき非暴力こそ生命線であり、それを抜きにした世《せ》俗的《ぞくてき》な成否《せいひ》などは、どこまでも第二義的なものにすぎなかったのであります。

こうした達観《たつかん》した生き方は、そこまで達観できなかったロランやネルーのような理解者、多くの同志をも、時には困惑《こんわく》させ、混乱《こんらん》させたにちがいない。確かに短いスパン（間隔《かんかく》）で見れば、ナチスへの非暴力抵抗《ていこう》の勧《すす》めなど、ガンジーの主張があまりにも現実離《ばな》れした理想論《りそうろん》に見えたときもあったでありましょう。

しかし、長いスパンで戦後の歩みを振り返ってみれば、戦火のなか、自由と民主主義は非暴力によってのみ救《すく》われるという「荒野《こうや》の叫《さけ》び」を、倦《う》むことなく叫び続けていた、ガンジー的課題《かだい》を我々が乗り越えたなどとは、とうてい言えません。

むしろ、世紀末を覆《おお》う人間不信のペシミズム（悲観主義）は、人間への信頼《しんらい》を誇《ほこ》らかに謳《うた》い上げたガンジーの透徹《とうてつ》した「楽観主義」を肝要《かんよう》の課題として浮かび上がらせているように思えてなりません。

ガンジーの遺産《いさん》として、第二に注目すべきは、「実践《じっせん》」ということであります。申すまでもなく、ガンジーは生涯《しょうがい》にわたって「実践」の人でありました。あるバラモンから、瞑想《めいそう》生活入りを勧められたとき、彼は「わたしとて、魂《たましい》の解脱《げだつ》と呼ばれる天国に至《いた》ろうと、毎日努力をしています。しかし、そのために、わたしはなにも洞窟《どうくつ》に隠棲《いんせい》する必要はありません。わたしはいつも洞窟を担《かつ》いで歩いているのですから」（森本達雄『ガンディー』、『人類の知的遺産』64所収、講談社）と答えたユーモラスなエピソードは、この裸足《はだし》の聖者《せいじゃ》の面目《めんぼく》を、よく伝えております。

同じ非暴力主義者であっても、トルストイなどと比べ、ガンジーの行動力と行動半径《はんけい》は際立《きわだ》っている。

とはいえ「実践《じっせん》」は単なる行動とは違います。単に身体《からだ》を動かすことなら動物でもできる。否《いな》、動物のほうが行動的であるかもしれない。

「実践」とは、善なるものの内発的な促《うなが》しによって意志し、成《な》すべきことを成し、かつ自《みずか》ら成就《じょうじゅ》したことの過不足を謙虚《けんきょ》に愛情をもって検討《けんとう》する能力とはいえないでしょうか。

積極果敢《せっきょくかかん》な行動の人である彼は、同時に現実への畏敬《いけい》と謙虚《けんきょ》な姿勢を忘《わす》れない。自らを唯一《ゆいいつ》の正統と思い込む居《い》丈高《たけだか》な心からは、最も遠かったはずであります。また、断固たる確信の人である彼は、その確信の根拠《こんきょ》を理論の整合性などではなく、魂に求めるため、大きく人を容《い》れる雅量《がりょう》と寛容《かんよう》の人でもあったのであります。

「善《よ》いことというものは、カタツムリの速度で動くものである」（坂本徳松『ガンジー――インド独立の父』旺文社文庫）、「非暴力は成長の遅《おそ》い植物である。しかし、その成長はほとんど目に見えないが、たしかである」(森本達雄訳、前掲『わたしの非暴力』I)等の印象《いんしょう》深い留言《るげん》(残された言葉)は、「実践」の人の静かな信条の吐《と》露《ろ》として、今なお千鈞《せんきん》の重みをもっております。

ガンジーに見るこうした「実践」像は、二十世紀に猛威《もうい》を振るった急進主義的イデオロギーが生み出した革命家像や人間像と著《いちじる》しいコントラストを成しております。献身的《けんしんてき》な理想主義者ではあるが、偏狭《へんきょう》で独善的で、自らの主義を通すためには、流血をともなう武断《ぶだん》主義に訴《うった》えることも辞さない――ボルシェヴィズムは、こうした血気にはやる革命家群像《ぐんぞう》をおびただしく輩出《はいしゅつ》しました。

ロシアの詩人パステルナークが、『ドクトル・ジバゴ』で厳《きび》しく糾弾《きゅうだん》しているのも、この種の急進主義的イデオロギーであります。

すなわち急進主義の使徒たちは、「一度として人生のなんたるかを知ったことのない連中、人生の息づかい、人生の魂《たましい》を感じたことのない連中」(ボリス・パステルナーク『ドクトル・ジバゴ』下巻、江川卓訳、新潮社）である、と。

文豪タゴールの甥《おい》のソーミエンドラナート・タゴールも、その痛《いた》ましい症例《しょうれい》であったようであります。

かつてはガンジー主義者で、後に共産主義者となったこの青年が、ガンジーに激《はげ》しい敵意を燃《も》やして訪ねてきたときの様子を、ロマン・ロランは『日記』の中に、綴《つづ》っております。それは「高潔な理想主義者で、きわめて真摯《しんし》で、自分の信仰のために一切を犠牲《ぎせい》にする覚悟《かくご》でいる」（宮本正清・波多野茂弥訳、前掲書）優《すぐ》れた一青年が、「革命の旋風《せんぷう》に捲《ま》きこまれた個人の魂たちの致命的《ちめいてき》な狂気《きょうき》」（同前）に陥《おちい》っていく悲劇《ひげき》でありました。

昨年のソ連邦の崩壊《ほうかい》で、ロシア人がフランス革命を終わらせたとの声が、一部で聞かれました。

ある意味で、確かに共産主義の死は、フランス革命からロシア革命へと受け継《つ》がれてきた近代の合理的で急進主義的なイデオロギーの死に繋《つな》がっているといえるかもしれません。ガンジーは、いち早くそうしたイデオロギーの〝アキレス腱《けん》〟を見破っていました。「合理主義者はあっぱれである。しかし、合理主義が全能を主張するときには、ぞっとする化け物となる」(古賀勝郎訳、前掲書)と。

ガンジーの一生を色濃《いろこ》く染《そ》め上げている漸進《ぜんしん》主義的「実践《じっせん》」像は、それゆえに尊《とうと》く、永遠に不滅《ふめつ》であると、私は信じるのであります。

第三に、当然のことながら、ガンジーにあって欠《か》かすことのできないのは、その「民衆」観であります。

民主主義の今日《こんにち》、民衆の名を口にする人は数多くいます。しかし、どれだけの人が、どれだけの指導者が、真に民衆の側に立って働いているか。大半は民衆におもねり、利用し、裏では民衆を愚弄《ぐろう》しているといっても過言ではないでありましょう。

だが、ガンジーは、正真正銘《しょうしんしょうめい》の民衆の〝友〟であり、〝父〟でありました。全身で民衆の中へ入り、全身で苦楽をともにし、全身で民衆の心を深く知り、つかんだ、彼の無私《むし》と献身《けんしん》の生涯《しょうがい》は、文字どおり〝聖者《せいじゃ》〟の名にふさわしい。

「神はなぜにそのような（＝アヒンサー〈非暴力〉の）大実験のために私ごとき不完全な人間を選ばれたのか」（同前）と自問しつつ、ガンジーは言います。

「神はわざとそうされたのだと思う。神は、貧《まず》しく無言で無知な大衆に仕《つか》えねばならなかった。完全な人が選ばれていたならば、大衆は絶望してしまったろう。大衆は同じ欠点を持った人間がアヒンサーへ向かって進むのを見て、自分たちの力量に自信を持ったのだ」（同前）と。

私はこの、民衆へのあふれんばかりの愛情と同苦《どうく》の思いが横溢《おういつ》している姿に、心の底からの感動を禁じ得ません。私どもの信奉《しんぽう》する日蓮大聖人も、一介《いっかい》の名もない漁師の生まれでしたが、そうした御自身をむしろ誇《ほこ》りとされ、民衆仏法の旗を高く掲《かか》げられていったのであります。

ガンジーの「民衆」観は、私に大乗《だいじょう》仏教の菩《ぼ》薩道《さつどう》の真髄《しんずい》、真価をほうふつさせてやみません。

しかし、彼の「民衆」観は、虐《しいた》げられし人々への愛情、同苦《どうく》、憐憫《れんびん》といった〝慈母《じぼ》〟のような側面ばかりではなかった。非暴力《ひぼうりょく》を体得させることによって、民衆に自分自身をば「弱者」から「強者」へと鍛《きた》え上げさせていく、〝厳父《げんぷ》〟の側面も併《あわ》せもっていました。

ゆえに、ガンジーは、「一人に可能なことは万人に可能であるというのが、私の常に変わらぬ信条なので、実験は私室《ししつ》ではなく野外で行なってきた」（同前）との信念のままに、ためらうことなく民衆の〝海〟へ飛び込んでいったのであります。

「一人に可能なこと」とは、いうまでもなく「人間のできうる限りの完全な自己浄化《じょうか》」を目指す、強者の非暴力であります。

この非暴力の高き理想を、「万人に可能」ならしめんとして民衆に訴《うった》え、強者たれ、強者たれ、と叫《さけ》び続け、あのような大規模《だいきぼ》な大衆運動にまで組織化していった例は歴史上かつてなかった。

アインシュタインは「われわれの時代における最大の政治的天才」とガンジーを称《たた》えておりますが、私は、その「われわれの時代」を「人類史上」と置き換《か》えても、決してほめすぎにはならないと思う一人であります。

その天才性は、多くの人々が疑問視するなか決行され、近代インド史上に燦然《さんぜん》と輝《かがや》く成果を収《おさ》めた、あの〝塩の行進〟の着想などに、いかんなく発揮《はっき》されるわけであります。その天才を支《ささ》えていたものこそ、ガンジー独自の透徹《とうてつ》した「民衆」観であった。そのことを、身近で一番よく知っていた人が、盟友《めいゆう》ネルー初代首相であったと思います。

彼は、主著『インドの発見』（辻直四郎・飯塚浩二・蠟山芳郎訳、岩波書店）において、ガンジーの登場を「一陣《いちじん》の涼風《りょうふう》」「一條《いちじょう》の光明」に譬《たと》え、まことに生き生きと描《えが》き出しています。

なかでも、私が注目したのは、ガンジーが、民衆の心から「どすぐろい恐怖《きょうふ》の衣」を取り除《のぞ》くことによって「民衆の心の持ち方を一変させた」という歴史的な事実であります。長年の植民地支配がもたらした権力への恐怖、それにともなう卑屈《ひくつ》、臆病《おくびょう》、諦《あきら》め等々の弱さから解放されることこそ、強者への第一歩であった。

強くなれ、強くあれ、との彼の励《はげ》ましは、「善良さには知識が伴《ともな》っていなければならない。単なる善良さはたいして役に立たぬ。人は、精神的な勇気と人格に伴った優《すぐ》れた識別力を備《そな》えていなければならない」（古賀勝郎訳、前掲書）という言葉にもよく表れております。善良さや強さは、賢明《けんめい》さの裏付けがあってこそ十全な力を発揮できるからであります。

ネルーは「恐《おそ》れるな」との教訓《きょうくん》を、ガンジーからのインド民族への最大の贈《おく》り物、としました。

民衆がいかなる権威《けんい》や権力をも恐れなくなってこそ、民主の時代の夜明けではないでしょうか。そうであるならば、ガンジーのメッセージはインドに限らず、全地球上の民衆への贈り物として、未来永遠に輝きを増し続けるでありましょう。

最後に、文明論的観点から「総体性」について触《ふ》れてみたいと思います。

西欧主導型の近代文明の欠陥《けっかん》を一言にしていえば、あらゆる面で「分断」と「孤《こ》立《りつ》」を深めた点にあります。「人間と宇宙」「人間と自然」「個人と社会」「民族と民族」、更に「善と悪」「目的と手段」「聖《せい》と俗《ぞく》」等々、すべてが分断され、そのなかで人間は「孤立化」に追いやられていった。人間の自由や平等、尊厳《そんげん》を追求した近代の歴史は反面、そうした孤立化の歴史でもありました。

ところで、ガンジーが全人格と全生涯《ぜんしょうがい》をもって語りかけてくるものは、そうした近代文明に対するアンチ・テーゼ（対立する主張）であったことは、いうまでもありません。確かに、有名なチャルカ（紡《つむ》ぎ車）に象徴《しょうちょう》される彼の文明批判《ひはん》は、全面的に受け入れるには、あまりにもラジカル（極端《きょくたん》）すぎるかもしれません。

しかし、私が何よりも尊《とうと》いと思うのは、ガンジーの言々句々、挙措動作《きょそどうさ》が、巧《たく》まずして発散している一種の世界感覚であり、宇宙感覚であります。すなわち、「分断」と「孤立」を乗り越え「調和」と「融合《ゆうごう》」を志向《しこう》する、「総体性」ともいうべき感触《かんしょく》であります。それは、ガンジーの次の心情に端的《たんてき》に吐露《とろ》されていると、私には思えてなりません。

「私は全人類と一体化していなかったならば、宗教生活を送れなかったろう。それは、私が政治に立ち入ったから可能になったのである。今日《こんにち》、人間のあらゆる活動は全体として不可分《ふかぶん》のものとなっている。

人間の仕事を社会的なもの、経済的なもの、政治的なもの、純粋《じゅんすい》に宗教的なものというように完全に区分することはできない。

私は、人間の活動から遊離《ゆうり》した宗教というものを知らない。宗教は他のすべての活動に道義的な基礎《きそ》を提供《ていきょう》するものである。その基礎を欠《か》くならば、人生は『意味のない騒音《そうおん》と怒気《どき》』の迷宮に変わってしまうだろう」（古賀勝郎訳、前掲書）と。

まことに明快な論旨《ろんし》であります。

その宗教観は、宗教と生活を不可分のものとし、宗教を人間の諸活動の源泉《げんせん》ととらえる大乗《だいじょう》仏教の在《あ》り方と、見事に符合《ふごう》しております。

政教分離《せいきょうぶんり》は近代政治の原則ですが、それは必ずしも宗教を人間の内面的私事《ないめんてきしじ》に限定するものではなく、むしろ純化《じゅんか》された宗教性が、人間社会の万般《ばんぱん》を潤《うるお》していくことなのだ――〝マハトマ〟は、こう訴《うった》え、語りかけているようであります。

私は、ガンジーの高弟J・P・ナラヤン氏との十三年前の出会いを思い出します。

ガンジス川中流の田園の町パトナの私邸《してい》に氏を訪ねました。その時の一時間に及ぶ語らいは、今も鮮《あざ》やかに脳裏《のうり》に焼き付いております。

ナラヤン氏の「総体革命」という考え方に強くひかれた私は、率直《そっちょく》に問うてみました。「『総体革命』について私も以前から提唱《ていしょう》してきました。結局は一人一人の人間革命が基本になり、そこから政治、教育、文化など各分野の変革《へんかく》につながっていくのではないでしょうか」と。それに対し、氏は「全面的に賛成です」と即座《そくざ》に応じてくれました。

病魔《びょうま》と闘《たたか》っておられる日々でしたが、病身とは思えぬ力強い口調《くちょう》が印象的《いんしょうてき》でした。そこに、私は、様々《さまざま》な試練《しれん》にさらされつつも、脈々と受け継《つ》がれていく、ガンジーの魂《たましい》の深い息づきを感じたのであります。

〝開かれた宗教性〟に人類蘇生の道

今から三十年以上も前に、現代の〝脱《だつ》イデオロギーの時代〟を予見していた、アメリカの思想家ダニエル・ベルは、「神聖《しんせい》なものの復活、すなわち新しい宗教的な形態の勃興《ぼっこう》はあるのだろうか。私は、このことに関し疑問をもっていない」（『二十世紀文化の散歩道』正慶孝訳、ダイヤモンド社）とも述べております。

私はガンジーが「宗教とは、宗派主義を意味しない。宇宙の秩序《ちつじょ》正しい道徳的支配への信仰を意味する」と訴《うった》えている、開かれた精神性、宗教性こそ、それに呼応《こおう》するものと思っております。

ガンジーは、この大いなる精神性、宗教性は、あらゆる人々の中に平等に宿《やど》っている、その内なる力を眠《ねむ》らせたままでは決してならない、それを全人類に目覚めさせていこうと呼びかけているように思えてならないのであります。

「真理は神である」をモットーとし、セクト性を徹底《てってい》して排《はい》しつつ、ガンジーが心に抱《いだ》いていた〝聖《せい》なるもの〟こそ、この精神の力ではないでしょうか。それこそが凶暴《きょうぼう》なイデオロギーによって痛《いた》めつけられた人々の心を癒《いや》し、蘇生《そせい》させ、人類史を開きゆく大道であることを、私は信じてやみません。

私がこの「平和の王道」を恩師から学んだのは、戦後まもない十九歳の時でありました。以来四十五年間、波瀾万丈《はらんばんじょう》の民衆運動に身を投じてまいりました。

これからも更に、ガンジーが生涯《しょうがい》、民衆の中で、魂と魂の美しい共鳴《きょうめい》を奏《かな》で続けたあの姿をしのびつつ、尊敬するインドの皆さま方とご一緒に、「不戦」「平和」への大いなる精神の連帯を、世界へ広げてまいる決心であります。

最後に、ガンジーに「マハトマ（偉大なる魂）」との尊称《そんしょう》を贈《おく》ったタゴールが、

「人間」と「社会」と「宇宙」を貫《つらぬ》く永遠なる生命の律動《りつどう》を見事に謳《うた》い上げた詩の一節を朗読《ろうどく》させていただきます。

「昼となく夜となく　わたしの血管をながれる同じ生命《いのち》の流れが、世界をつらぬいてながれ、律動的《リズミカル》に鼓動《こどう》をうちながら　躍動《やくどう》している。

その同じ生命が　大地の塵《ちり》のなかをかけめぐり、無数の草の葉のなかに歓《よろこ》びとなって萌《も》え出《い》で、木の葉や花々のざわめく波となってくだける。

その同じ生命が　生と死の海の揺籃《ゆりかご》のなかで、潮《しお》の満ち干《ひ》につれて　ゆられている。

この生命《いのち》の世界に触《ふ》れると　わたしの手足は輝《かがや》きわたるかに思われる。そして、いまこの刹那《せつな》にも、幾世《いくせ》代《だい》の生命の鼓動《こどう》が　わたしの血のなかに脈打っているという思いから、わたしの誇《ほこ》りは湧《わ》きおこる」（「ギタンジャリ」森本達雄訳、『タゴール著作集』第一巻〈詩集I〉所収、第三文明社）と。

ご清聴《せいちょう》、ありがとうございました。

（平成4年2月11日　インド国立博物館）

中国社会科学院記念講演

21世紀と東アジア文明

（写真＝中国社会科学院）

ニーメン　ハオ（皆さま、こんにちは）。シェーシェー　ニーメン　ダ　ヤウチン（お招きいただき、ありがとうございました）。本日、伝統と格式を誇《ほこ》る、ここ中国社会科学院におきまして、講演の機会《きかい》を与えられたことは、私の最大の栄誉《えいよ》とするところであります。

また、ただ今は権威《けんい》ある「名誉研究教授」の称号を頂戴《ちょうだい》し、これ以上の光栄はありません。尊敬する胡縄《こじょう》院長はじめ、中国社会科学院の諸先生方、並びに、ご列席の皆さまに心より御礼申し上げます。（拍手）

さて、ただ今、胡院長からもお話がありましたが、二十一世紀を間近に臨《のぞ》み、世界の情勢は、ますます流動性を強めつつあります。

かつて、貴国の周恩来《しゅうおんらい》総理は「天下大動乱《だいどうらん》」の相《そう》を予測されましたが、その言葉どおり、米ソの対立を軸《じく》とした世界秩序崩壊後《ちつじょほうかいご》の情勢は刻々《こっこく》と揺《ゆ》れ動き、一刻も目を離《はな》せません。そうしたなか、注目すべき現象《げんしょう》は、中国や日本、韓・朝鮮半島、更には台湾《たいわん》、香港《ホンコン》など、東アジア地域に、しばしばスポットが当てられているという事実であります。「儒教《じゅきょう》文化圏《けん》」「漢字文化圏」といった言葉が、我が国でもしきりに論議されております。

確かに、その最大のきっかけは、経済的要因にあることは事実かもしれません。日本はもとより、NIES（ニーズ）と呼ばれる諸国《しょこく》の近年の経済成長は、刮目《かつもく》に値《あたい》します。加えて中国の巨大《きょだい》な活力を考え合わせれば、幾《いく》つかの不安定要因を抱《いだ》きながらも東アジア地域が、二十一世紀の世界における枢要《すうよう》なブロックを形成しゆくであろうことは、だれが見ても明らかであります。それと同時に、私が注目するのは「……文化圏」という言葉が示すように、人々の関心が単に経済次元にとどまらず、成長をもたらす文化的要因、領域《りょういき》にまで広がってきていることであります。

こうした傾向《けいこう》は、今まで先進諸国といわれてきた欧米の識者に、特に強いように思われます。いわゆる〝ハード〟な部分から〝ソフト〟な部分への、関心の移行もしくは深化といってよいでありましょう。

ではその東アジア地域の文化、なかでもその水脈をなしている精神性を特徴《とくちょう》づけているものは一体、何か。もとより、簡単にひと括《くく》りできるような性格のものではありませんが、あえて言えば、そこに「共生《きょうせい》のエートス（道徳的気風）」ともいうべきものが、流れ通《かよ》っているとはいえないでしょうか。

比較的穏《おだ》やかな気候・風土にあって、対立よりも調和、分裂《ぶんれつ》よりも結合、〝我《われ》〟よりも〝我々〟を基調に、人間同士が、また人間と自然とが、共に生き、支《ささ》え合いながら、共々に繁栄《はんえい》していこうという心的傾向《しんてきけいこう》であります。そして、その重要な水《すい》源《げん》の一つが儒教《じゅきょう》であることは論をまちません。とはいえ、私は「共生《きょうせい》のエートス」という言葉で、儒教の伝統的徳目《とくもく》であった「三綱五常《さんこうごじょう》」（君主は臣下の綱、父は子の綱、夫は妻の綱、および仁《じん》・義《ぎ》・礼《れい》・智《ち》・信《しん》）などを想定しているのでは決してありません。

それらの多くは、個人に先立つ共同体の重視《じゅうし》という点で「共生」に通ずるが、反面、既存《きそん》の位階秩序《いかいちつじょ》を固定化して、いたずらに社会を停滞《ていたい》させてきました。その歴史の手垢《てあか》にまみれた封建《ほうけん》主義イデオロギーが〝五・四運動〟以来、激《はげ》しい批判《ひはん》のつぶてを浴びてきたことは周知の事実であります。そうした弊害《へいがい》をもたらした最大の要因は、やはり、漢代に董仲舒《とうちゅうじょ》の献策《けんさく》によって、儒教が国教化されたことに求められるのではないでしょうか。

ローマ・カトリックの歴史が物語っているように、権力と癒着《ゆちゃく》したとたん、あらゆる宗教は、御用《ごよう》宗教と化し、民衆に根差したみずみずしい、あの初心を忘失《ぼうしつ》してしまうからであります。

そうした旧時代の臭気《しゅうき》に包まれた遺物《いぶつ》が、二十一世紀文明に何ほどの貢献《こうけん》をなしうるでありましょうか。それゆえ、私は、近年盛《さか》んに喧伝《けんでん》されている日本の目覚《めざ》ましい経済発展《はってん》を、手放しで喜ぶ気にはとうていなれないのであります。

〝成長・発展の無視《むし》しえぬ部分が、旧時代の遺制《いせい》を残したまま個人の人権《じんけん》や生活を犠牲《ぎせい》に供《きょう》するかたちで遂行《すいこう》されてきた〟との欧米諸国からの非難《ひなん》も根拠《こんきょ》のないことではないからです。いわゆる〝会社至上《しじょう》主義〟と呼ばれるものであり、それを支《ささ》えているのは「共生のエートス」とは似《に》て非《ひ》なる自己犠牲《ぎせい》をよしとし、甘《あま》んずる閉《へい》鎖的《さてき》な心情であります。

そうではなく「共生のエートス」とは、君臣や親子、夫婦、そして会社や家庭などの部分に限定、固定されず、むき出しの本能より、もっともっと純度《じゅんど》が高く、なおかつダイナミックに広がり、脈動していく普遍的《ふへんてき》な心情であります。もとより「エートス」ですから、老荘流《ろうそうりゅう》の「無」や「混沌《こんとん》」とは異《こと》なりますが、さりとて、人間や社会をがんじがらめにするのではなく、時代の変化に柔軟《じゅうなん》かつ自在に対応しうる、本質的に開放系《かいほうけい》の心情・エネルギーを意味しております。

その点、フランスの中国学の最高権威《けんい》であるヴァンデルメールシュ教授が「儒教《じゅきょう》は旧社会とともに消滅《しょうめつ》せざるをえなかった。（中略）しかし、正にまた儒教が決定的に死んでいればこそ、その遺産《いさん》が発展の諸要請《しょようせい》と矛盾《むじゅん》せずに、新しい思惟《しい》様式の中に再投資される」（『アジア文化圏《けん》の時代』福謙忠恕訳、大修館書店）と述べているのは、まことに示唆的《しさてき》であります。その再投資された先に、欧米の行きすぎた個人主義へのある種の解毒《げどく》作用と、相互《そうご》の触発《しょくはつ》がもたらす、人道という普遍的価値《かち》の実現が期待されているからであります。そこから、二十一世紀文明への貴重《きちょう》な指標《しひょう》を読み取ることができると私は思います。

また、ほかならぬ貴国の近代儒学思想の太い水脈を形成していた「大同《だいどう》」思想の志向《しこう》していたものこそ、この「共生のエートス」とはいえないでしょうか。

二年ほど前に来日された貴社会科学院の孔繁《こうはん》教授も、日本での講演の中で、康有《こうゆう》為《い》、譚嗣同《たんしどう》から孫文《そんぶん》にいたる近代の「大同」思想の流れを極《きわ》めて肯定的《こうていてき》に指摘《してき》され、私も貴重な勉強をさせていただきました。

確かに、譚嗣同の「あまねく法界《ほうかい》（全対象界《ぜんたいしょうかい》）、虚空界《こくうかい》（虚幻世界《きょげん》）、衆生界《しゅじょうかい》（輪廻《りんね》転生《てんしょう》の世界）には至大《しだい》にして至微《しび》なる一物が充満《じゅうまん》し、隅《すみ》のすみまでくっつきあい、とけあい、つながりあっている」（『仁学――清末《しんまつ》の社会変革論《へんかくろん》』西順蔵・坂元ひろ子訳注、岩波文庫）との言葉に接するとき、その純度といい、普遍性といい、私は、中国民族の夢であり、理想社会であり、壮大《そうだい》なるユートピアである「大同」思想に「共生のエートス」の一典型を見る思いがするのであります。

それでは、こうした純度や普遍性の淵源《えんげん》はどこにあるのか。私は、その大きな要因が、儒教の始祖・孔子《こうし》の激烈《げきれつ》な知的格闘《ちてきかくとう》にあるように思えてなりません。『論語《ろんご》』の有名な言葉に「知るを知ると為《な》し、知らざるを知らずと為す、是《こ》れ知るなり（知ったことは知ったこととし、知らないことは知らないこととする、それが知るということである）」（金谷治『孔子』、『人類の知的遺産』4所収、講談社）とあります。「未《いま》だ人に事《つか》ふること能《あた》はず、焉《いづく》んぞ能《よ》く鬼《き》に事へん（人に仕《つか》えることもできないのに、どうして神霊《しんれい》に仕えることができよう）」「未だ生を知らず、焉んぞ死を知らん（生の意味も知らないのに、まして死の意味など知ることができようか）」（同前）等と並んで、孔子が「人知・人為《じんい》」と「人知・人為を超《こ》えたもの」との間に、いかに精妙《せいみょう》なスタンスをとっていたかをよく示しております。

ソクラテスの「無知の知」をほうふつさせるこうした勁《つよ》い言葉は、よほど謙虚《けんきょ》にして剛毅《ごうき》な知性からしか期待できないでありましょう。

孔子の場合、漢字というメディア特有の視覚《しかく》に訴《うった》える意味論的明晰《めいせき》さによって、結論部分が、箴言風《しんげんふう》に要約して記されている。しかし、その結論に到達《とうたつ》するまでに、どれほどの知的格闘《ちてきかくとう》を要したかは、かのソクラテスが、同じような信念を友と共有するために、あの膨大《ぼうだい》な、命をかけた対話、言論戦《げんろんせん》を展開《てんかい》したことを想起すれば十分であります。その孔子の苦闘《くとう》を最もよく物語っているのが、のちに「正名《せいめい》」論として継承《けいしょう》、発展《はってん》させられていく「子路《しろ》」の一節であります。

諸先生方は先刻《せんこく》ご存じのことですが、確認の意味から、その個所を引用させていただきます。

「子路曰《いわ》く、『衛君《えいくん》、子を待ちて政をなさば、子まさに奚《なに》をか先にせん』。子曰く、『必ずや名を正さんか』。子路曰く、『これあるかな、子の迂《う》なるや。なんぞそれ正さん』。

子曰く『野《や》なるかな由《ゆう》や。君子はその知らざるところにおいて、蓋闕如《かつけつじょ》たり。名正しからざれば、言順《げんしたが》わず。言順わざれば、事成《ことな》らず。事成らざれば、礼楽興《れいがくおこ》らず。

礼楽興らざれば、刑罰《けいばつ》中《あた》らず。刑罰中らざれば、民《たみ》手足を措《お》くところなし。故に君子はこれに名づくれば、必ず言うべし。これを言えば、必ず行なうべし。君子はその言において苟《いや》しくもするところなきのみ』。

――「かりに先生が衛の君主を補佐《ほさ》する立場に立たれたとしたら、まず何から手を着けられますか」

子路の質問を受けて、孔子は答えた。

「正しい命名法を確立することだな」

（子路は）「まだるっこい話ですね。もっと差し迫《せま》った対策《たいさく》をうかがっているのに」

（孔子は）「あさはかだな、おまえは。君子なら君子らしく、よく考えてから口をきくものだ。いいかね、めいめい勝手に自分流儀《りゅうぎ》の命名法を採用してごらん。言葉が通じ合わなくなるではないか。そうすれば社会は成り立たん。言葉が通じ合うという前提があればこそ、道徳は確立され、法律《ほうりつ》も規制力を発揮《はっき》できるのだ。道徳が混乱《こんらん》し、法律が有名無実《ゆうめいむじつ》になったとしたら、その国の人民はどうやって生きていけばいい？　為政者《いせいしゃ》は正しい命名法を確立し、それによって共通の言語を成立させるべきだ。そうなればすべての発言は当然、実行の責任を負うことになる。それほど言語問題は大切なのだよ」（『論語』久米旺生訳、『中国の思想』9所収、徳間書店）——と。

「現象世界の重視」と「秩序への志向」

この中の「君子はその知らざるところにおいて、蓋闕如《かつけつじょ》たり」は、先に挙げた「知るを知ると為《な》し、知らざるを知らずと為す、是《こ》れ知るなり」に相応しており、こうした言葉に対するリゴリズム（厳格《げんかく》主義）とストイシズム（禁欲《きんよく》主義）は、古今の鋭敏《えいびん》な知性に共通しているように思われてなりません。いわゆる「名」と「実」

との相応の問題であり、それをめぐって、ヨーロッパ中世のスコラ哲学は「唯名《ゆいめい》論《ろん》」と「実念論《じつねんろん》」との間で、果《は》てしなき論争《ろんそう》を繰《く》り広げました。

乱世《らんせい》を迎《むか》え、人々の危機《きき》意識が強まれば強まるほど、優《すぐ》れた思想家は、符節《ふせつ》を合わせるように言葉の吟味《ぎんみ》へと向かうようであります。ソクラテスがそうであり、近代哲学の父デカルトも、スコラ的秩序《ちつじょ》が崩《くず》れ去った寄《よ》る辺《べ》なき混沌《こんとん》を生きながら、「我《われ》思う、故に我在《あ》り」の〝一語〟を探《さぐ》り当てるために、驚《おどろ》くほど忍耐《にんたい》強く徹底《てってい》した遍歴《へんれき》と自己省察《せいさつ》の旅を続けました。

その事情は、孔子《こうし》の「われ言うことなからんと欲《ほっ》す（わたしはもう、ことばで教えることはやめようと思う）」（同前）との、弟子子貢《しこう》を驚かした苦悩《くのう》の述懐《じゅつかい》からもうかがえるのであります。

また時代をくだって譚嗣同《たんしどう》が「仁《じん》がわからなくなるのは名のためである」（西順蔵・坂元ひろ子訳注、前掲書）として「名」にとらわれた人間の「分別」の虚妄《こもう》を鋭《するど》くついたのも、清末《しんまつ》中国の危機意識を色濃《いろこ》く映《うつ》し出したものといえるのではないでしょうか。

更に現代にあっても、洋の東西を問わず、言葉に対する圧倒的《あっとうてき》な関心の高まりは、二十世紀の世紀末を覆《おお》う闇《やみ》の深さを物語っているようであります。

それはさておき、私が注目するのは、秩序の基盤《きばん》にして政治の要諦《ようてい》である「礼《れい》楽《がく》・刑罰《けいばつ》」を調《ととの》えようとするにあたって、まず「名を正《ただ》す」ことを枢軸《すうじく》に据《す》えた、孔子の透徹《とうてつ》した思索《しさく》であります。

確かに子路《しろ》とのやりとりは、直接的には、王位の継承《けいしょう》をめぐって、だれが王を名乗るのか、名乗るにふさわしいかという即物的《そくぶってき》な政治論議であったかもしれません。しかし「名」と「実」との整合性を激《はげ》しく希求《ききゅう》しゆく彼の思索は、政治次元の俗塵《ぞくじん》を振り払《はら》いながら精神性の純度《じゅんど》を高めつつ、一切の秩序を構成する原点、昨今の文化人類学で言う「宇宙軸《じく》」（井筒俊彦『コスモスとアンチコスモス』岩波書店）のようなものさえ予感し、迫《せま》ろうとしていたのではないかと私は思うのであります。

また、古来、その名に値《あたい》する宗教や哲学は、人間いかに生くべきかという「価値論《かちろん》」の側面と、世界はいかに構成されているかという「存在論」の側面を併《あわ》せもった、包括的《ほうかつてき》な世界観でありました。孔孟《こうもう》などの古代の儒家《じゅか》はその価値論の豊饒《ほうじょう》さに比べ、存在論は極《きわ》めて貧困《ひんこん》というのが通説でありますが、「名を正さんか」との孔子の言葉から、のちに仏教の影響《えいきょう》等も受けながら精緻《せいち》に展開《てんかい》されていく宋学《そうがく》の存在論の予兆《よちょう》のようなものを感じ取れるのではないでしょうか。

ともあれ、私には、孔子の言葉が秩序《ちつじょ》へのあくなき求心力を凝結《ぎょうけつ》させた、あまりにも簡勁《かんけい》な〝一語〟であるだけに、一層強く、その予兆が感じられてならないのであります。また、そうであったればこそ、「名を正さんか」の〝一語〟から、その後、「正名《せいめい》」論という独自の言語哲学の系譜《けいふ》が、予期《よき》せぬほどの広がりを見せていったのではないかと私は思うのであります。

唐突《とうとつ》のようでありますが、ここで私は、孔子の言葉に、天台智顗《てんだいちぎ》が『法華玄義《ほっけげんぎ》』で述べている「劫初《こっしょ》に万物名無し聖人理を観じて準則して名を作る（住劫《じゅうこう》の初めには万物に名がなかったが、聖人が道理にのっとりならって、その理にふさわしい名をつけていった）」との言葉を対置《たいち》してみたいと思います。

儒教と仏教との違い、そして孔子の場合は「正名」による秩序《ちつじょ》への模索《もさく》であり、智顗にあっては「作名」による秩序の創出《そうしゅつ》であるというニュアンスの相違《そうい》こそあれ、「名」というものを重視《じゅうし》し、万象が織《お》り成す秩序の〝画竜点睛《がりょうてんせい》〟としている点では共通しております。

これは、極《きわ》めて中国的現象《げんしょう》であります。同じ大乗《だいじょう》仏教でも、インドを代表する龍樹《りゅうじゅ》は、『中論《ちゅうろん》』に見られるように、「名」によって構成される「分別」と「差別」の現象世界を突《つ》き抜けた、「無分別」「無差別」の世界への志向性《しこうせい》が強い。

いうなれば「世間」を出づる「出世間《しゅっせけん》」への傾斜《けいしゃ》であります。ところが智顗《ちぎ》にあっては、そうした「出世間」の「解脱《げだつ》」の境地《きょうち》を当然踏《ふ》まえつつも、そこから更に「世間」へと還《かえ》ってくる。つまり「出・出世間」というベクトル（力の方向性）の転換《てんかん》がなされているのであります。ともに仏法者らしく、世界宗教としての普遍性《ふへんせい》を求めつつも、龍樹《りゅうじゅ》と違って智顗は、その普遍性を具体的な現象世界に即《そく》して展開《てんかい》していったということであります。私はそこに、東アジアの精神性の反映《はんえい》が、はっきりとうかがえると思います。

孔繁《こうはん》教授が「仏教思想なども、儒学《じゅがく》の助けを借り、儒学と融合《ゆうごう》してこそ初めて中国社会の中で発展《はってん》することが可能であった」（溝口雄三・中嶋嶺雄編著『儒教ルネッサンスを考える』大修館書店）と述べておられるのも、その辺の経緯《けいい》を指しておられるものと思えてなりません。

私はこのベクトルの転換は、仏教の変質ではなく、継承的《けいしょうてき》発展であると信じている一人であります。なぜなら、現象世界を重視してこそ、東アジアの精神性の奥底《おうてい》に流れる「共生《きょうせい》のエートス」を汲《く》み上げ、昇華《しょうか》させることができたからであり、それを無視《むし》しては「衆生済度《しゅじょうさいど》」という仏教の本義も叶《かな》わないからであります。

四年半ほど前、貴社会科学院の劉国光《りゅうこっこう》第一副院長を団長とする「中日友好学者訪日代表団」の方々と東京でお会いした際《さい》、私は、天台《てんだい》智顗の思想に言及《げんきゅう》しながら「真実の仏法は、この刻々《こっこく》と進歩・変化する社会、荒《あ》れ狂《くる》う現実から離《はな》れたところにあるのでは絶対にない。むしろ経済・政治・生活・文化等々と不可分《ふかぶん》であり、それらすべてに、常に生き生きと活力を与え、価値《かち》の方向へリードしていく。そこに仏法の重要な使命もある」と訴《うった》えたのであります。同席されていた朱紹文《しゅしょうぶん》教授が、その趣旨《しゅし》に深く賛同してくださったことを、昨日のことのように鮮烈《せんれつ》に覚えております。

ちなみに、大乗《だいじょう》仏教の真髄《しんずい》では、智顗の『法華玄義《ほっけげんぎ》』の文を釈《しゃく》して、こう述べております。
「至理《しり》は名無し聖人理を観じて万物に名を付くる時・因果《いんが》倶時《ぐじ》・不思議の一法之《こ》れ有り之《これ》を名《なづ》けて妙法蓮華と為《な》す此《こ》の妙法蓮華の一法に十界《じっかい》三千の諸法《しょほう》を具足《ぐそく》して闕減《けつげん》無し之を修行する者は仏因・仏果・同時に之を得るなり」（「当体義抄《とうたいぎしょう》」御書五一三ページ）

——妙法の至理には、もともと名はなかったが、聖人がこの理を観じて万物に名をつけるとき、因果倶時の不思議な一法があり、これを名づけて妙法蓮華と称したのである。この妙法蓮華の一法に十界三千の一切法を具足して一法も欠けるところがない。よってこの妙法蓮華経を修行する者は、仏になる因行《いんぎょう》と果徳《かとく》とを同時に得るのである——と。

前半部分は『法華玄義』を受けて「作名」の次第《しだい》を述べており、それに続く「妙法蓮華の一法に十界三千の諸法を具足して闕減無し」が智顗《ちぎ》の「一念三千論」を踏《ふ》まえた存在論の要約であることは、先生方に申し上げるまでもありません。

また「修行する者は仏因・仏果・同時に之を得るなり」とは、人間いかに生くべきかの機《き》軸《じく》となる修行論、価《か》値《ち》論《ろん》であります。社会的実《じっ》践《せん》を強く促《うなが》している点で、エートスというにはいささか実践性を欠《か》いた天《てん》台《だい》仏法の弱点を補《ほ》完《かん》しているといってよいかもしれません。その意味からも、存在論と価値論とを併《あわ》せ具《そな》えた宗教的世界観の、雄《ゆう》勁《けい》にして断固たる表《ひょう》白《はく》を成しているのであります。

周総理の人格に結晶した共生の心

さて、東アジアの精神性の美《び》質《しつ》である「共《きょう》生《せい》のエートス」は、数千年の歴史を地下水脈のように貫《つらぬ》いて、例えば中国の社会主義イデオロギーなどにも、独自の人間主義的光《こう》彩《さい》を投げかけているのではないでしょうか。時間の関係上、その点への考察は割愛《かつあい》させていただきますが、私は「共生のエートス」が象《かたど》る人格、理想的人間像の一典型として、周恩来《しゅうおんらい》総理を挙げねばならないと思う一人であります。

私は、亡《な》くなる一年ほど前、病身の総理と一度お会いしましたが、実は今年の四月、来日された中国人民対外友好協会の韓叙《かんじょ》会長と懇談《こんだん》した際《さい》、この不世出《ふせいしゅつ》の名宰《めいさい》相《しょう》をめぐる数々のエピソードをお聞きし、改めて感銘《かんめい》を深くしました。ご存じのとおり、韓叙会長は長年、中国外交部にあって、周総理のもとで働いてこられた方です。

例えば、外国の客人を迎《むか》えるときなどの、かゆい所に手が届《とど》かんばかりの濃《こま》やかな配慮《はいりょ》。専用機の乗務員にも丁寧《ていねい》な挨拶《あいさつ》を忘《わす》れない礼節。どんなに自分が疲《つか》れていても人前では出さず、逆に部下が疲れて居眠《いねむ》りをしていると、そっと寝《ね》かせておいてくれる温かさ。中国はおろか世界中が頭に入っているかのような、真剣《しんけん》さと責任感に裏打《うらう》ちされた驚異的《きょういてき》な記憶力《きおくりょく》。側近や親族に、自分の名を利用することを決して許さなかった厳《きび》しさ、公正さ等々、さすが周総理ならではの人となりが輝《かがや》いていました。

大局を見据《みす》えて細部を忘れず、内に秋霜《しゅうそう》の信念を秘《ひ》め、外に春風の笑《え》みをたたえ、自分中心でなく、あくまでも相手の心を中心に、よき中国人にしてコスモポリタン（世界市民）、常に民衆という大地に温かく公正な眼差《まなざ》しを注ぎ続けたその卓越《たくえつ》した人格は「革命とは、人を殺すものではなくて、人を生かすもの」（『魯迅評論集』竹内好編訳、岩波文庫）との魯迅《ろじん》の叫《さけ》びを体現しております。

私が先に「対立よりも調和、分裂《ぶんれつ》よりも結合、〝我《われ》〟よりも〝我々〟を基調に、人間同士が、また人間と自然とが、共に生き、支《ささ》え合いながら、共々に繁栄《はんえい》していこうという心的傾向《しんてきけいこう》」と申し上げた「共生のエートス」が脈打っており、その類《たぐい》まれな具象化《ぐしょうか》といってよい。そうした人格ほど、人間関係を深く病《や》んでいる世紀末の今日《こんにち》に、要請《ようせい》されているものはないと思うのであります。

更に、東アジアの精神性にあって特徴的《とくちょうてき》なことは、そうしたエートスが人間社会に限定されず、自然をも巻き込んだ宇宙大の広がりを見せていることであります。

ここでは詳《くわ》しくは触《ふ》れませんが、仏教の「山川草木《さんせんそうもく》　悉皆成仏《しっかいじょうぶつ》」に象徴《しょうちょう》される自然と「共生《きょうせい》」しゆく思潮《しちょう》は、環境破壊《かんきょうはかい》や資源《しげん》・エネルギー問題等が深刻化《しんこくか》するほどに、ますます重みを増していくにちがいありません。

そのとき、東アジアは、二十一世紀文明の夜明けにあって、経済という表層次元《ひょうそうじげん》だけではなく、精神性の深みにまでスポットが当てられ、人類史の駆動力《くどうりょく》として、一段と全世界から期待が寄せられてくると信ずるのであります。

最後に、私の心情を陶淵明《とうえんめい》の詩の一節に託《たく》し、講演を終わらせていただきます。

相知《そうち》は何《なん》ぞ必ずしも旧《きゅう》のみならん
傾蓋《けいがい》は前言に定《さだ》まる

客有り我が趣《おもむ》きを賞《しょう》し
毎毎林園《まいまいりんえん》を顧《かえり》みる
談諧《だんかな》いて俗調《ぞくちょう》無く
説く所は聖人《せいじん》の篇《へん》

親友関係は、長い歳月をかけて交際を重ねた結果、生みだされるものということはなく、ただちょっと、道路を通りかかって、たがいに語り合っただけでも親しい友人となり得るということは、すでに昔の人の言葉によって定説になっている。

私にも親友がおり、すなわちあなたがそのような人である。あなたはよく私の趣味《しゅみ》を理解し賞讃《しょうさん》して、つねに私の林園の風景をかえりみてくれる。

あなたとの談話はつねになごやかで調子が合い、世俗《せぞく》の人々の談話のように名利《めいり》(=名誉《めいよ》と利益《りえき》)を追求するようなことがない。話すことは、昔のいわゆる聖人の言葉を載《の》せた典籍《てんせき》のことであり……。

（大野實之助『中国友情詩集——永遠の情熱にふれる青春の書』産報）

シェーシェー（ありがとうございました）。

（平成4年10月14日　中国社会科学院）

トリブバン大学記念講演

人間主義の最高峰を仰《あお》ぎて

——現代に生きる釈尊

(写真＝講演会場となったインタナショナル・コンベンション・センター)

ナマスカール（尊敬する皆さま、こんにちは）。尊敬するジョシ総長代行並びに副総長はじめ諸先生方。また、ご来賓の先生方。そして卒業生の皆さま。更に、すべてのご臨席《りんせき》の皆さま。本日は、釈尊生誕《しゃくそんせいたん》の地であり、憧《あこが》れのネパール・トリブバン大学の卒業式で講演の機会《きかい》を与えてくださり、私は大いに喜び、名誉に思っております。

心より御礼申し上げます。ありがとうございました。

アジアを代表する最高峰《さいこうほう》の貴学府より、かくも晴ればれと学位記を授与《じゅよ》されました皆さまに、私は最大に祝福《しゅくふく》を申し上げます。

授記に際《さい》して、まことに厳粛《げんしゅく》な宣誓《せんせい》がなされる光景に、私は心から感動いたしました。

この気高《けだか》き誓願《せいがん》を抱《いだ》く、二十一世紀の若きリーダーの前途《ぜんと》に思いをはせるとき、私の胸は希望に高鳴るのであります。

本日は「人間主義の最高峰を仰《あお》ぎて――現代に生きる釈尊《しゃくそん》」と題して、皆さまとともに、この偉大なる〝人類の教師〟が残した精神的遺産《いさん》を、「智慧《ちえ》の大光《たいこう》」「慈悲《じひ》の大海」という二つの角度から、考察してみたいと思います。

荒《あ》れ狂《くる》う怒濤《どとう》のなか、〝海図なき航海〟を余儀《よぎ》なくされている現代人の姿を目にするとき、私は、貴国の偉大な詩人バーラクリシュナ・サマの詩の一節を思い起こすのであります。

無知の少年がするような言い争《あらそ》いは避《さ》けよう
不和を解消し　繁栄《はんえい》を享受《きょうじゅ》し
盲信《もうしん》を棄《す》て去ろう
人間主義を信奉《しんぽう》し　自他ともに生き抜くのだ
真理の探究《たんきゅう》と　善行の決心を
競い合おうではないか
おお世界よ
私が息を引き取る前に
核《かく》兵器の脅威《きょうい》を取り除《のぞ》いておくれ
永遠の平和の歌声で
戦争の二字を消しておくれ
（「さらば、おお世界よ、さらば！」）

戦乱《せんらん》の世紀にあって、砂漠《さばく》で水を欲《ほっ》するように、痛切《つうせつ》なまでの平和への希求《ききゅう》であります。それは、ネパールの人々の美しき心情そのものでもありましょう。

そして、その水源《すいげん》のありかを探《さが》し求めようとするとき、巨大な姿を現してくるのが、人々に平和と安穏《あんのん》をもたらそうと肝胆《かんたん》を砕《くだ》き続けた、かの釈尊《しゃくそん》の「人間主義の最高峰」ともいうべき「智慧《ちえ》」と「慈悲」ではないかと思うのであります。

一、智慧の大光

釈尊が放つ「智慧の大光」の第一は、「生命の宝塔《ほうとう》を輝《かがや》かせよ」とのメッセージであります。

近代の幕開《まくあ》けから二十世紀末の今日《こんにち》に至るまで、人間社会の営《いとな》みは、科学技術の発展《はってん》、産業・経済の成長など、量的な拡大《かくだい》を主眼とする「進歩主義」への強力な信仰に支《ささ》えられてきたといってもよいでありましょう。

しかし、そこには、思わぬ落とし穴《あな》が待ち構《かま》えておりました。人々が、酒に酔《よ》っているように「進歩主義」の夢を追い続けているうちに、「青写真」のために「現実」が、「未来」のために「現在」が、「成長」のために「環境《かんきょう》」が、「理論」のために「人間」が、ないがしろにされてしまったという事実であります。

ここに、今世紀の悲劇《ひげき》がもたらされたのであります。こうした人類の現状に対して、釈尊の智慧は、人間の「生命それ自体」に立ち返っていくことこそが最も重要であると、提起しております。

釈尊の教えの精髄《せいずい》とされる「法華経《ほけきょう》」には、壮大にして荘厳《そうごん》なる宝塔が登場いたします。それは、まさしく、人間の内奥《ないおう》に広がる宇宙大の生命を象徴《しょうちょう》しております。

小宇宙というべき豊潤《ほうじゅん》な「生命」の開拓《かいたく》こそが、釈尊の生涯《しょうがい》をかけた主題であったと思うのであります。

近年、「人間開発」という指標が強調されている趨勢《すうせい》を見るにつけて、この釈尊の先見は、いやまして光っております。

私が十年以上前に対談集を編《あ》んだ、ローマ・クラブの創立者《そうりつしゃ》ペッチェイ博士は、遺言《ゆいごん》のごとく、こう述べておりました。「これまで探索《たんさく》されたことすらない未開発で未使用の能力という、莫大な富がわれわれ自身の内部にある」「これこそはまさに驚《おどろ》くべき資源《しげん》であり、再生も拡大《かくだい》も可能な資源」(『二十一世紀への警鐘《けいしょう》』読売新聞社。『池田大作全集』第4巻収録)である、と。

博士と私は、この「生命」の開発を、「人間革命」と意義づけたのであります。その開発の鍵《かぎ》こそ「教育」であり、貴国は、模範《もはん》の取り組みを続けておられます。

それはまた、未来世紀への責任を自覚した「持続可能な開発」への大いなる連動になっていくことは間違いありません。仏典には「過去の因を知らんと欲《ほっ》せば其《そ》の現在の果を見よ未来の果を知らんと欲せば其の現在の因を見よ」(「開目抄《かいもくしょう》」御書二三一ページ）とあります。

いたずらに過去にこだわらず、また未来への不安や過度《かど》の期待に引きずられることなく、〝今、現在〟の自己の充実《じゅうじつ》と確立こそ第一義であることを啓発《けいはつ》しているのであります。いわば、「刹那《せつな》に永劫《えいごう》を生きよ」「足下《そっか》を掘れ、そこに泉《いずみ》あり」という凝結《ぎょうけつ》した生き方の提示であります。

まさに釈尊は、〝今この瞬間〟に「生命の宝塔」を光輝《こうき》あらしめ、そこから、人類の未来を照らしゆく「真実の進歩」を切り拓《ひら》いていきなさい、としました。これが魂《たましい》の巨人である大勝利者の言葉であります。

第二のメッセージは、「民《たみ》の心に聴《き》く」ということであります。

仏法では、少々、難《むずか》しい言葉ですが、「不変真如《ふへんしんにょ》の理《り》」にも増して、「随縁《ずいえん》真如の智《ち》」を重んじております。つまり、時代や状況によっても変わらない真理に基づいたうえで、刻々《こっこく》と変転する現実に応じて、自在に智慧《ちえ》を発揮《はっき》していくことが大切であると教えているのであります。そうした行き詰《づ》まりのない智慧の源泉《げんせん》は、釈尊《しゃくそん》の「民の心に聴く」という姿勢にあったと、私は考える一人であります。

「心に問おうと欲《ほっ》することは、何でも問いなさい」——釈尊は、しばしば人々にこう語りかけております。まことに、釈尊こそ、ソクラテスと並ぶ「対話の名人」であり、民衆との対話の海の中で、人々を導いていきました。釈尊こそ、比類《ひるい》なき「人間教育の大家」であったと思うのであります。

例えば、最愛の我が子を失い、悲嘆《ひたん》にくれる母に、釈尊は、その子を救う〝薬〟として、芥子《けし》の種を探《さが》すように語りかけます。ただし、その種は、まだ「死人を出したことのない家」から、もらってくるようにと指導するのであります。その母は、必死になって、一軒《いっけん》一軒、訪《たず》ねて回った。だが「死人を出したことのない家」など、どこにもなかった。

次第に母は、自分だけではなく、どの家も、家族を亡《な》くした苦しみを抱《かか》えていることに気づき始める。そして、自身の悲哀《ひあい》を乗り越え、「生老病死《しょうろうびょうし》」という根本課題《かだい》の探究《たんきゅう》に目覚めていったというのであります。

釈尊が、どれほど民衆の心を見つめ、人々の境涯《きょうがい》の向上のために慈悲《じひ》と智慧を注《そそ》いでいたか、多くの説話を読みながら胸に迫《せま》ってくるのであります。

「法華経《ほけきょう》」には、持経者《じきょうしゃ》の理想的な姿として、あらゆる民衆の声を聞くという徳性をあげております。すなわち、「彼《か》の人は、無数の人々の声を聞いてよく理解し、天の声、妙《たえ》なる歌声を聞き、男女の声、幼《おさな》い子どもたちの声を聞く。

山や川、険《けわ》しい谷の中の鳥の声までも聞く。

地獄《じごく》の諸《もろもろ》の苦しみの声や、飢《う》えたる人々の飲食《おんじき》を求める声を聞く。そして菩薩《ぼさつ》や仏の声を聞く。下は阿鼻《あび》地獄から上は有頂天《うちょうてん》に至《いた》るまで、あらゆる音声《おんじょう》を聞いて、しかも耳根《にこん》は壊《こわ》れることがない」（法師功徳品《ほっしくどくほん》、趣意）。

これは、単に宗教的実践《じっせん》の指標であるだけではなく、政治・経済・文化・教育の万般《ばんぱん》にわたる大指導者論であると、私は思っております。

私どもの「創価（価値《かち》創造《そうぞう》）教育学」の創始者《そうししゃ》は、第二次大戦中、日本の軍国主義と戦い、七十三歳で獄死《ごくし》しました。その名は牧口常三郎と申し、創価学会の初代会長でありました。

牧口会長は小学校の校長でしたが、相手がいとけない小学生であろうと、苛酷《かこく》な取り調べの検事や看守《かんしゅ》であろうと、その人の人格を尊重《そんちょう》し、常に「対話」を貫《つらぬ》き通しました。「生涯《しょうがい》教育」や「環境《かんきょう》教育」の提唱《ていしょう》、また「母たちの声」を反映《はんえい》させた学校教育など、牧口初代会長の先駆的《せんくてき》な智慧《ちえ》も、「民《たみ》の心に聴《き》く」という徹《てっ》した「対話」から生まれたといってよいのであります。

第三に申し上げたい「智慧」のメッセージは、「〝智慧〟よく〝知識〟を活《い》かす」

という価値創造の道であります。

貴大学で、最先端《さいせんたん》の学問を修得なされた皆さまの姿に、私は、カピラバストゥの城で、学びに学んだ釈尊《しゃくそん》の青春を想起《そうき》するのであります。

若き王子たる釈尊は、天文学・医学・法律学・財政学・文学・芸術等々、あらゆる学問に取り組みました。

「他人を苦しめるような呪法《じゅほう》を学ばず、すべての民のためになる知識を学べ」

――これが、釈迦族《しゃかぞく》の帝王学《ていおうがく》だったのであります。

私が感嘆《かんたん》するのは、人々の苦悩《くのう》を救《すく》いゆく釈尊の一生にあって、青年時代までの学問が、ことごとく活《い》かされているという事実であります。だからこそ釈尊は、王にも、農民にも、当時、勃興《ぼっこう》しつつあった商人層にも、「随宜説法《ずいぎせっぽう》（機根《きこん》にしたがって法を説く）」「応病与薬《おうびょうよやく》（病気に応じて薬を与える）」というように、それぞれにふさわしい譬喩《ひゆ》や道理を駆使《くし》しながら、法を説くことができたと思うのであります。

「核」と「遺伝子《いでんし》」に象徴《しょうちょう》される現代の科学知識の発展《はってん》は、それを人類全体の幸福のために使うか、それとも個人や民族や国家のエゴのために使うかを、今、厳《きび》しく問われております。いまだに、核抑止論《よくしろん》という自《みずか》らつくった〝恐怖《きょうふ》の均衡《きんこう》〟政策から脱却《だっきゃく》もできない世界の現状は、残念ながら、エゴを克服《こくふく》できないまま、暴力、武力等に屈服《くっぷく》している哀《あわ》れな、悲しい姿といわざるをえません。

釈尊《しゃくそん》の遺誡《ゆいかい》に、「心の師とはなるとも心を師とせざれ」（「曾谷《そや》入道殿御返事」御書一〇二五ページ）とあります。

心に渦巻《うずま》く煩悩《ぼんのう》（暴力性や貪欲性《どんよくせい》）に左右されず、支配されず、またそれを無理やり消滅《しょうめつ》させるのでもない。自らが「心の師」となって、煩悩をも価値創造の方向へリードしていきなさい、との教えであります。

その「心の師」となるのが、人間生命の内奥《ないおう》より薫発《くんぱつ》されゆく「智慧《ちえ》」なのであります。そして、この「智慧」は、人間のために、民衆のためにという「慈悲《じひ》」の泉《いずみ》があって初めて、限りない作用があることを知らなければなりません。

二、慈悲の大海

次に、釈尊の人格を構成するもう一本の柱は「慈悲の大海」の姿であります。慈悲の第一のメッセージは、「人類の宇宙的使命は慈悲にある」という使命論であります。釈尊にとって、まさに「宇宙は慈悲の当体」であり、自《みずか》らの振《ふ》る舞《ま》いは、その慈悲の体現でありました。

宇宙の森羅万象《しんらばんしょう》は、一切が「縁起《えんぎ》」、すなわち、縁《よ》りて起こっている。お互いに支《ささ》え合っているがゆえに、何ひとつ無駄《むだ》なものがない。また意味がないものはあり得ないというのであります。

その相互依存《そうごいそん》の「糸」を活用して、宇宙は生命を育《はぐく》み、この地球上には、人類をも誕生《たんじょう》させたわけであります。

仏法では、現代天文学の知見とも一致《いっち》して、この大宇宙の他の天体にも、知的生命が活躍していると論じております。まさしく、宇宙それ自体が創造的《そうぞうてき》生命体であり、尊《とうと》い慈悲《じひ》の顕在化《けんざいか》であると見ることができるのであります。

釈尊《しゃくそん》は、生まれ故郷である貴国を目指していたとも推察《すいさつ》される〝最後の旅〟の途《と》上《じょう》、訪《おとず》れた町で豊かに生い茂《しげ》る木々を見つめながら、繰《く》り返し、「楽しい」「楽しい」、「美しい」「美しい」との感慨《かんがい》を漏《も》らしておりました。

生涯《しょうがい》、広大な大地を歩きに歩き、民衆救済《きゅうさい》の平和旅を貫《つらぬ》いた釈尊の慈悲が、宇宙生命の永遠なる慈悲の律動《りつどう》と共鳴《きょうめい》していた姿であると私は信ずるのであります。

翻《ひるがえ》って、近代が直面している一番大きな課題《かだい》は、「生きる意味の喪失《そうしつ》」であります。

何のために生きるか。人間とは、一体、何か、人間は何のために生きるのか——。

生きる「意味」を見失った現代人は、「意味への渇望《かつぼう》」に身を焼きながら、社会からも、自然や宇宙からも孤立《こりつ》し、疎外感《そがいかん》のなかを、さまよい続けております。

仏法の慈悲論は、この地球上に誕生《たんじょう》した人類の使命は、宇宙の慈悲の営《いとな》みに参画《さんかく》し、その創造《そうぞう》のダイナミズムを高めつつ生き抜くことにあると明示しております。

つまり、万物を育《はぐく》み、繁栄《はんえい》と幸福に導く慈悲の行動こそ、宇宙より人類に託《たく》された使命であり、この使命の自覚と達成にこそ、「生きる意味」があると釈尊は呼びかけているのであります。

このような慈悲論は、今日《こんにち》において、一人一人の人間を尊重《そんちょう》しゆく「共生《きょうせい》の文化」を養い、地球環境《かんきょう》と共栄《きょうえい》しゆく「自然観」を培《つちか》っていくことでありましょう。

そして、更には、「分断」から、「結合」へ、「対立」から「融和《ゆうわ》」へ、そして「戦争」から「平和」へと人類史を軌道《きどう》修正させゆく、菩薩道《ぼさつどう》の行動を促《うなが》してやまないのであります。

釈尊《しゃくそん》の慈悲《じひ》が送る第二のメッセージは「ヒマラヤのごとく悠然《ゆうぜん》と」であります。すなわち、確立された「不動の自己」こそが、大慈悲の基盤《きばん》となるからであります。一切衆生《しゅじょう》を潤《うるお》す釈尊の慈悲の大境涯《だいきょうがい》は、まさしく、嵐《あらし》があろうと何があろうと厳然《げんぜん》として微動《びどう》だにもしない、ふるさと「ヒマラヤ」の秀峰《しゅうほう》をほうふつさせております。

「善《よ》き人たちは、雪の山（＝ヒマラヤ）のように、遠くから輝《かがや》かせる。だが、悪《あ》しき者たちはここにあっても見られない。夜放たれたもろもろの矢のように」（宮坂宥勝『真理の花たば　法句経《ほっくきょう》』筑摩書房）と述べているように、釈尊が目指した理想の人間像とは、白雪をいただきながら、いつも悠然とそびえ立つヒマラヤの不動の姿がイメージされていたにちがいありません。

多くの識者が指摘《してき》するように、自由や平等が主張されると、良い意味でも悪い意味でも社会は変動常なき状態に置かれます。そうであればあるほど「不動の自己」

が確立されないと、他人と比較《ひかく》することばかりに気をとられ、知らずしらず嫉妬《しっと》や怨嫉《おんしつ》という情念に支配されてしまうのであります。ゆえに、こうした縁《えん》に紛動《ふんどう》されぬ「不動の自己」は、いつの時代にあっても、社会に安穏《あんのん》をもたらす原点であります。

そして、現代ほど、その原点の要請《ようせい》が重要なときはないと感じるのは私一人ではないと思うのであります。

だからこそ、「自《みずか》らを依所《えしょ》とし、法を依所とすべし」という釈尊の弟子への遺訓は、そのまま、宇宙究極の法と一体化した「不動の自己」（大我《たいが》）へと導く、人類への遺訓であるといえないでしょうか。

最後に、第三の慈悲のメッセージは、「自他ともの幸福を目指せ」という行動論であります。

近代人権《きんだいじんけん》思想の勝ち取ってきた最大の遺産《いさん》が「個」の尊厳《そんげん》であることは論をまち

ません。しかし、この問題は、制度的な保障《ほしょう》だけですむものではない。それどころか、現代人は、自《みずか》らの主張にのみ専念《せんねん》するあまり、他者の存在を見失い、その結果、肝心《かんじん》の自分自身の依《よ》って立つ基盤《きばん》さえぐらついてしまっているのであります。他者と自身の関係性を、釈尊《しゃくそん》は次のような言葉で表現しております。

人はおのれより愛《いと》しいものを見出《みいだ》すことはできない
それとおなじく
他の人々にも、自己はこのうえもなく愛しい
されば
おのれのことよなく愛しいことを知るものは
自愛のために、他のものを害《がい》してはならない

（増谷文雄『仏陀のことば』角川書店）

人間、「自分」ほど大切なものはない。ゆえに、「我が身に引き当て」、「他者」を大切にすべきである――まことに無理のない自然な語り口のなかで、相互《そうご》に「他者」の存在、相手の立場に立ち、共感することこそ慈悲の第一歩であると釈尊は説いているのであります。孤独《こどく》な現代人の心の病《やまい》を癒《いや》す「良薬」は、ここに求める以外にないと思うのは私だけではないでありましょう。

釈尊は、成道《じょうどう》してから、その法を人々に説こうか、説くまいか、大いに躊躇《ちゅうちょ》し、葛藤《かっとう》しております。説けば必ず、無理解な批判《ひはん》や迫害《はくがい》が沸《わ》き起こるであろう。

あえて人に語らず、自分一人で、静かに法悦《ほうえつ》を味わってもよいのではないか……。

皆さま方のほうがよくご存じと思いますが、仏伝によれば、この逡巡《しゅんじゅん》する釈尊の前に、梵天《ぼんてん》（ブラフマン）が現《あらわ》れ、「前進か後退《こうたい》か」「幸福か不幸か」「栄光か悲惨《ひさん》か」、そうした分岐点《ぶんきてん》に立たされている人々のために、ぜひとも、教えを説くよう懇請《こんせい》したといわれております。

この「梵天の勧請《かんじょう》」が、釈尊《しゃくそん》の「自己」の中に「他者」を復活させ、自他ともの崩《くず》れざる幸福へと進みゆく、真の「仏」の誕生《たんじょう》の契機《けいき》となったとされているのであります。

「一切衆生《しゅじょう》の病《や》むがゆえに我《われ》病む」

釈尊の心の中には、常に、生老病死《しょうろうびょうし》の苦悩《くのう》に喘《あえ》ぐ民衆の呻《うめ》き声が響《ひび》いておりました。時を超《こ》え、国を超え、釈尊は、こう呼びかけているのであります。

「汝《なんじ》の心のうちに『他者』を復活し、自他ともの幸福を満喫《まんきつ》せよ」と。

ゆえに、十三世紀の日本の日蓮も、「法華経《ほけきょう》」を解釈《かいしゃく》しつつ、「自他共に智慧《ちえ》と慈悲《じひ》と有るを喜とは云《い》うなり」(「御義口伝《おんぎくでん》」御書七六一ページ)――自他ともに、智慧と慈悲をもっているのが、本当の「喜び」である――と応《こた》えているのであります。それは「第三世代の人権《じんけん》」、すなわち「平和な国際秩序《ちつじょ》」と「健全な地球環境《かんきょう》」を創出《そうしゅつ》しゆく「連帯権《れんたいけん》」にも通じていると、私は思うのであります。

こうした人間主義の連帯こそが、それぞれの国に個性豊かな繁栄《はんえい》を築《きず》きながら、人類全体の栄光を開きゆく光源《こうげん》となるでありましょう。使命深き皆さま方が、大鵬《おおとり》のごとく、智慧と慈悲の翼《つばさ》を広げ、「平和と生命尊厳《そんげん》の二十一世紀」へ飛翔《ひしょう》されゆくことを、私は念願し、また確信する次第であります。

結びに、皆さま方のこれからの人生が、「希望」と「健康」と「幸福」に包まれゆくことを心から祈りつつ、私の大好きな貴国の詩人ギミレの雄渾《ゆうこん》なる「青年よ」の一節を申し上げ、私の祝福《しゅくふく》のスピーチを終わらせていただきます。

夜明けの光が　雪の山頂《さんちょう》を照らし
清新な活力が
英雄《えいゆう》の腕《かいな》に湧《わ》き出《い》ずる

おお　青年よ
その朝日の光の矢を　たぐり寄《よ》せ
君が触《ふ》れることによって
新しい波を起こしたまえ
そして　君の指で
世界を覚醒《かくせい》させたまえ
新たな躍動《やくどう》の世界へと

ご清聴《せいちょう》、ありがとうございました。
ダンニャバード（ありがとうございます）。

（平成7年11月2日　ネパール・カトマンズ、
インタナショナル・コンベンション・センター）

ハーバード大学記念講演

ソフト・パワーの時代と哲学

――新たな日米関係を開くために

(写真＝ハーバード大学)

本日は創立三百五十五年というアメリカ最古の伝統を誇《ほこ》る貴大学のお招きを受け、スピーチの機会《きかい》を賜《たまわ》り大変光栄に思っております。

ただ今、私を紹介してくださったモンゴメリー教授、この後、私のスピーチにコメントをしてくださるナイ教授、カーター教授をはじめ、本日ご列席の諸先生方に深く感謝の意を表するものであります。

さて、世界を震撼《しんかん》させたソ連の政変は、大河のうねりのような歴史の動向――近年、ナイ教授等が指摘《してき》しておられるソフト・パワーの台頭《たいとう》という現象《げんしょう》を一段とクローズアップさせました。

すなわち、歴史の動因として、かつては軍事力や権力、富といったハード・パワーが決定的要素であったが、最近はその比重が落ち、知識や情報、文化、イデオロギー、システムなどのソフト・パワーが、著《いちじる》しく力を増しつつあるということであります。

このことは、ハード・パワーが主役であったかのような湾岸《わんがん》戦争においても、はっきり見てとれます。ハード・パワーの行使も、現代では、国連というシステムや、その背後《はいご》にある国際世論というソフト・パワーを無視《むし》しては不可能であった。そうした時流を、不可逆的《ふかぎやくてき》なものにしていくことこそ、現代に生きる私どもに課せられた歴史的な使命といってよい。

その際《さい》、ソフト・パワーの時代を切り拓《ひら》く最も大切なキー・ワードとして、私は〝内発的なるもの〟ということを申し上げてみたいと思います。

〝内発の力〟育む哲学の復権

ハード・パワーというものの習性は〝外発的〟に、時には〝外圧的〟に人間をある方向へ動かしますが、それとは逆に、人間同士の合意《ごうい》と納得《なっとく》による〝内発的〟な促《うなが》し、内発的なエネルギーを軸《じく》とするところに、ソフト・パワーの大きな特徴《とくちょう》があります。

このことは古来、人間の精神性や宗教性に根差した広い意味での哲学の本領《ほんりょう》とするところでありました。ソフト・パワーの時代とはいえ、そうした哲学を欠《か》けば、つまり、人間の側からの〝内発的〟な対応がなければ、知識や情報がいかに豊富でも、例えば容易《ようい》に権力による情報操作《そうさ》を許し、〝笑顔のファシズム〟さえ招来《しょうらい》しかねないのであります。

その意味からも、ソフト・パワーの時代を支《ささ》え、加速していけるか否《いな》かは、あげて哲学の双肩《そうけん》にかかっているといっても過言ではないでしょう。

この〝内発性〟と〝外発性〟の問題を鋭《するど》くかつ象徴的《しょうちょうてき》に提起《ていき》しているのが、有名な「良心例学《りょうしんれいがく》」――事にあたっての良心の在《あ》り方を、あらかじめ判例として決めておくこと――をめぐるパスカルのジェスイット攻撃《こうげき》ではないでしょうか。

周知のようにジェスイットは、信仰や布教に際して、良心の従《したが》うべき判例の体系を豊富に整えておりますが、パスカルは、内なる魂《たましい》のあり方を重視《じゅうし》するジャンセニストの立場から、ジェスイット流のそうした外面的規範《きはん》や戒律《かいりつ》が、本来の信仰をどんなに歪《ゆが》めているかを力説してやまないのであります。

例えばインドや中国における「良心例学」を、パスカルは、こう攻撃します。

「かれら（＝ジェスイット）は偶像崇拝《ぐうぞうすうはい》を、次のような巧妙《こうみょう》なくふうをこらしてさえ、信者たちに許しているのです。衣服の下にイエス・キリストの御姿をかくしもたせ、公には釈迦《シャカ》や孔子《こうし》の像を礼拝するとみせて、心のなかではイエス・キリストの御姿を礼拝するように教えているのです」(『プロヴァンシアル』中村雄二郎訳、『世界文学大系』13所収、筑摩書房)と。

パスカルは、異国《いこく》におけるそのような信仰の在り方そのものを、必ずしも非難《ひなん》しているのではない。確かに、そのような、やむを得ぬ選択《せんたく》を余儀《よぎ》なくされる場合もあるかもしれないが、そこに至るまでに多くの良心の苦悩《くのう》や葛藤《かっとう》、逡巡《しゅんじゅん》、熟慮《じゅくりょ》、決断があるはずである。それは、良心の内発的な働きそのものである。にもかかわらず、そうした選択《せんたく》の基準を、あらかじめ判例として外発的に与えられてしまうと、安易《あんい》にそれに依存《いそん》する結果、良心の働きは逼塞《ひっそく》させられ、マヒし堕落《だらく》してしまう。「易《やす》きをもとめる多数」へのおもねりでしかない「良心例学」とは、従ってパスカルにとって、良心の自殺的行為《こうい》にほかなりませんでした。

こうしたパスカルの論難は、単にジェスイットやジャンセニストの争《あらそ》いという次元を超《こ》えて、広く人間の普遍的《ふへんてき》な良心の在《あ》り方という点で、実に多くの示唆《しさ》を含んでいると私は思います。パスカルほどの純粋《じゅんすい》さは望みうべくもないにしても、こうした内発的な魂《たましい》の働きが一個の時代精神に結晶《けっしょう》し、社会に生気を与えている例は、史上極《きわ》めて稀《まれ》ではないでしょうか。その数少ない例証の一つを、私は一八三〇年代のアメリカ社会を訪《おとず》れ比類のない分析《ぶんせき》を加えた、フランスの歴史家トクヴィルの古典的名著『アメリカの民主政治』の描写《びょうしゃ》に見いだすのであります。

いうまでもなく、十九世紀初めの建国後半世紀のアメリカを訪問したトクヴィルに最も印象《いんしょう》深かったのは、母国フランスとは様変《さまが》わりした、かの地の宗教事情、宗教的様相《ようそう》であった。

その驚《おどろ》きを彼は、「宗教は外見的な力をへらすことによってその実力を増すようなことにどうしてなりうるのか」（井伊玄太郎訳、講談社学術文庫）という疑問として投げかけております。

すなわち、フランスでは、宗教が教会のもとでの多くの煩瑣《はんさ》な儀礼、形式と化し、ややもすれば、魂の桎梏《しっこく》となるきらいがあった。ゆえに、宗教の外見的な力を減らすことは、そのまま宗教からの解放、信仰心の衰弱《すいじゃく》を意味していた。

しかし、新興国アメリカでは、逆に儀礼や形式を少なくすればするほどに、人々の信仰心は横溢《おういつ》してくるようである。

彼は言います。「アメリカ連邦においてほどに、キリスト教が形式と儀礼と像とを少ししか含んでいない国は他にどこにもない。そしてまたここほどに、キリスト教が人間の精神に対して明確で単純な、そして一般的な理念をあらわしている国も、他のどこにも見られない」(同前)と。

トクヴィルの指摘《してき》は、一応、フランスにおけるカソリシズムの形骸化《けいがいか》と、アメリカにおけるピューリタニズムの隆盛《りゅうせい》を言っているもののようですが、もう一歩敷衍《ふえん》して考えれば、信仰における〝内発的なるもの〟が、最も純粋な形で時代精神へと結晶していることへの感嘆《かんたん》といえましょう。

ともあれ宗教の名に値《あたい》する宗教であるかぎり、パーソナル（個人的）な側面とインスティテューショナル（制度的）な側面とをもちます。

高等宗教は、必ず、何らかの絶対的なるもののもとに、すべての人種、身分、階級を超《こ》えた個の尊厳《そんげん》を説きますが、それと同時に、宗教が運動体として展開し始めると、必然的に制度化の要請《ようせい》が生じてくる。

しかし、制度的側面は、時代とともに刻々《こっこく》と変化するものであり、個人的側面を「主」とすれば、どちらかといえば「従」であります。

にもかかわらず、ほとんどの宗教が陥《おちい》ってきたのは、制度的な側面が硬直化《こうちょくか》することによって、制度が人間を拘束《こうそく》し、宗教本来の純粋《じゅんすい》な信仰心が失われてくるという本末転倒《ほんまつてんとう》であります。制度や儀礼などの外発的な力が、信仰心という内発的な力を抑《おさ》え込んでしまうわけであります。

トクヴィルが特筆大書していることは、当時のアメリカの宗教事情ほど、こうした本末転倒の悪弊《あくへい》に陥らず、信仰そのものの純粋さが毀《こぼ》たれていない社会は稀《まれ》であるということです。そうした時代精神を背景《はいけい》にして初めて「私のうちに神を示すものが、私を力づける。私の外に神を示すものは、私を、いぼや瘤《こぶ》のように、小さなものとする」（『エマソン選集』1、斉藤光訳、日本教文社）といった、エマーソンの〝内発的なるもの〟を謳《うた》い上げたおおらかな楽観主義も生まれたと思われます。

確かにそうした事情は、海の凪《なぎ》にたとえられるかもしれない。おそらく、それ以前の公認宗教としての政教一致的色彩《しきさい》の強い流れと、それ以後の世俗化《せぞくか》のなかで内面的な私事へと矮小化《わいしょうか》されゆく流れとの間《はざま》に生じた、幸運にして幸福な凪にも似た状況ともいえましょう。

とともに、それは単なる過ぎ去った一時期ではなく、アメリカの人々の歴史意識の深層《しんそう》に貴重《きちょう》な伝統として蓄《たくわ》えられているものと私は信じております。

さて、近代の日本に、そのような精神の内発的発露《はつろ》の例証を求めても、やや無理があるようです。

明治の開国以来、日本は、欧米先進国《せんしんこく》に追い付け追い越せをスローガンに、近代化の道をひた走ってきました。

そこでは、文豪の夏目《なつめ》漱石《そうせき》がそのものずばりに「外発的開化」と名付けたように、目標や規範《きはん》は、常に外から与えられ、内発的なものを育《はぐく》んでいく余裕《よゆう》も時間もなかった。

ここでも、一つのエピソード、明治時代の新渡戸《にとべ》稲造《いなぞう》をめぐるエピソードを紹介させていただきたい。

ご存じのように新渡戸は〝太平洋に友好の虹《にじ》をかけよう〟と、揺籃期《ようらんき》の日米関係の改善に奔走《ほんそう》した人物でありますが、彼がベルギーの知人と宗教について話していたとき、「あなたのお国の学校には宗教教育はないのか」と聞かれ、内省《ないせい》の果《は》てに見いだしたのが、宗教に代わって江戸期に形成され明治の末年まで日本人の精神形成にあずかって力あった武士道でした。そこで彼は『武士道　日本の魂《たましい》』という本を著《あらわ》し、副題に「日本思想の解明」と銘打《めいう》ったのであります。

その内容は略しますが、広い意味での武士道の精神性が、プロテスタンティズムやピューリタニズムと、幾《いく》つかの共通点をもっていたことは、明治の日本での、フランクリンの熱狂的《ねっきょうてき》な迎《むか》えられ方に象徴《しょうちょう》されております。

それにもまして、私が本論の文脈で強調しておきたいのは、武士道による精神形成が、日本人にとって内発的であったということであります。内発的とは自制的ということであり、他から強制されて何かをするのではなく、自律的《じりつてき》にそうするのであります。

武士道が形成されていった江戸時代の日本で、汚職《おしょく》や犯罪が現代とは比較《ひかく》にならぬくらい少なかったということは、社会に内発的な力が働いていた証左《しょうさ》といえましょう。

そのことは、また私に「アメリカ連邦における ほどに、刑法が寛大《かんだい》に施行《しこう》されているところは、他にはない」（井伊玄太郎訳、前掲書、趣意）とのトクヴィルの言葉を想起《そうき》させるのであります。

精神の働きが内発的であったがゆえに、人々は自己を律《りっ》するに過《あやま》つこと少なく、人間の証《あかし》ともいうべき克己《こっき》のかたちに無理がなかった。

ゆえに、人間関係はさしたる摩擦《まさつ》も不安もなく円滑《えんかつ》に営まれ、そこに形成される文化のかたちは、日本独自の美しさと魅力《みりょく》をたたえていました。

貴大学出身で、大森貝塚《かいづか》の発見者のE・S・モースが日本の庶民社会の中に見いだした驚《おどろ》くべき美風も、W・ホイットマンが、マンハッタンの大通りを行く日本の使節から感じ取った気品も、みなこの文化のかたちに根差していたのであります。

以来、百幾星霜《いくせいそう》、ともあれ現在の日米間には、基本的に友好関係が保《たも》たれているとはいえ、日本の経済力の増大につれて、とみに不協和音が目立つようになりました。

最近の構造協議などを通じて浮かび上がってくる問題は、貿易摩擦というよりも、文化摩擦の次元にまで及んでいる。

文化といっても、必ずしも友好を促《うなが》すとは限らず、固有の生活様式に深く根差した部分に及んでいくとき、異文化同士の接触《せっしょく》は、しばしば嫌悪《けんお》と反目《はんもく》を呼び起こすものであります。

異文化同士が衝突《しょうとつ》し、そうした一種のハレーション（混乱《こんらん》状態）を起こした時ほど、深く、内発的な自己規律《きりつ》、自己制御《せいぎょ》の心が人々に要請《ようせい》される時はない。

パートナーシップといったところで、そうした精神面での裏打《うらう》ちがなされていなければ、所詮《しょせん》、絵にかいた餅《もち》に終わってしまうでしょう。

また、それを欠《か》いたがゆえに、近代日本は、ある時は外国に対していたずらに自《みずか》らを卑下《ひげ》したり、そうかと思うとGNP大国など些細《ささい》なことで傲《おご》りたかぶったりして、不信と過信との間を揺《ゆ》れ動いてきました。

一言にしていえば、自己規律の哲学を欠いているのであります。

その無残なカタストロフィー（破局）が、今年でちょうど五十年目を迎《むか》えた、かの真珠湾攻撃《しんじゅわんこうげき》であったことを、私は深い胸の痛《いた》みとともに思い起こすのであります。

ちなみに『武士道』といえば、この小さな本が、日露《にちろ》戦争終結のためのポーツマス会談で、なかなか小気味よい役割を演じたことを、皆さまはご存じと思います。

開戦直後、来るべき講和への仲裁《ちゅうさい》の労をセオドア・ルーズベルト大統領に期待した日本政府は、大統領とハーバード大学の同窓生で、その後、交際を深めていた貴《き》族院《ぞくいん》議員の金子堅太郎《かねこけんたろう》をアメリカへ派遣《はけん》しました。大統領は、快《こころよ》くその依頼《いらい》を受けたうえで「日本人の性格やその精神教育面での原動力となっているもの等について紹介した書物」（松村正義『日露戦争と金子堅太郎』新有堂）を所望《しょもう》したところ、金子が渡したのが『武士道』であった。

数カ月後、金子に会った大統領は「この本を読んで、日本人の徳性《とくせい》をよく知ることができた」とも言い、喜んで講和への働きかけをしてくださったのであります。

このエピソードは、決して波穏《なみおだ》やかでなかった日米近代史にさわやかな彩《いろど》りを添《そ》えております。

新渡戸《にとべ》が先駆的《せんくてき》な教育者であったことを思うにつけ、モンゴメリー教授に所長をお願いしている私どもの創価大学ロサンゼルス分校の環《かん》太平洋平和・文化研究センターも、日米新時代に虹《にじ》をかける労作業の一端《いったん》を担《にな》うべく、全力の貢献《こうけん》を期するものであります。

対立と二律背反《ジレンマ》を超える〝縁起〟の智慧

さて、往昔《おうせき》のそうした内発的なパワー、エネルギーを、世紀末の枯渇《こかつ》した精神の大地に、いかにして蘇生《そせい》させていくか。日本においてもアメリカにおいても、それは容易《ようい》ならざる作業であります。

その意味からも、私は仏法哲理《てつり》の骨格《こっかく》中の骨格ともいうべき「縁起《えんぎ》」という考え方に、少々言及《げんきゅう》させていただきたいと思います。

周知のように仏法では、人間界であれ、自然界であれ、森羅万象《しんらばんしょう》ことごとく、互いに〝因〟となり〝縁〟となって支《ささ》え合い、関連し合っており、物事は単独で生ずるのではなく、そうした関係性のなかで生じていく、と説きます。

これが〝縁《よ》りて起こる〟ということであり、端的《たんてき》にいって〝個別性〟よりも、むしろ〝関係性〟を重視《じゅうし》するのであります。

また関係性を重視するといっても、そのなかに個が埋没《まいぼつ》してしまえば、人間は社会の動きに流されていくばかりで、現実への積極的な関《かか》わりは希薄《きはく》になってしまいます。

仏教史にその傾向《けいこう》が著《いちじる》しく見られることは、ベルクソンや貴大学で長く教鞭《きょうべん》をとっていたホワイトヘッドなどの知性が鋭《するど》く指摘《してき》するところであります。

しかし真の仏教の真髄《しんずい》は更にその先に光を当てております。

すなわち、真実の仏法にあっては、その関係性の捉《とら》え方が際立《きわだ》ってダイナミックであり、総合的であり、内発的なのであります。

先ほど、異文化同士の接触《せっしょく》がもたらす嫌悪《けんお》と反目《はんもく》に触《ふ》れましたが、関係性といっても、必ずしも友好的なものばかりとは限らない。〝あちら立てれば、こちら立たず〟といった敵対関係にあることも、しばしばであります。その場合、調和ある関係性とは一体、何なのか――やはり、エピソードによるのが一番よいと思います。

ある時、釈尊《しゃくそん》がこう問われた。「生命は尊厳《そんげん》だというけれども、人間だれしも他の生き物を犠牲《ぎせい》にして食べなければ生きていけない。いかなる生き物は殺してよく、いかなる生き物は殺してはならないのだろうか」と。だれもがジレンマに陥《おちい》りやすい素朴《そぼく》な疑問ですが、これに対する釈尊の答えは「殺す心を殺せばよいのだ」というものであります。釈尊の答えは、逃《に》げ口上《こうじょう》でもなければ、ごまかしでもありません。「縁起《えんぎ》」観に基づく見事なる解答であります。

生命の尊厳という調和ある関係性は、「殺してよい生き物」と「殺してはならない生き物」といった、時に敵対し反目《はんもく》する現象界《げんしょうかい》の表層《ひょうそう》ではなく、深層《しんそう》にまで求めなければならない。

それは単なる客観的な認識の対象ではなく、「殺す心を殺す」という人間の主体的生命の内奥《ないおう》に脈打つ主客未分化の慈《いつく》しみの境位《きょうい》であります。

このダイナミック、総合的、内発的な生命の発動は、ベルクソンやホワイトヘッドが指摘《してき》しているような、単なる自我《じが》の消滅《しょうめつ》（無我《むが》）ではなく、自他の生命が融合《ゆうごう》しつつ広がりゆく、小我《しょうが》から大我《たいが》への自我の宇宙大の拡大《かくだい》を志向《しこう》しているのであります。

私どもの信奉《しんぽう》する聖典には「正報《しょうほう》なくば依報《えほう》なし」（「瑞相《ずいそう》御書」御書一一四〇ページ）とあります。

「正報」すなわち主観世界と「依報」すなわち客観世界が二元的に対立しているのではなく、相即不離《そうそくふり》の関係にあるとするのが、仏法の基本的な生命観、宇宙観であります。

と同時に、その相即の仕方は、客体化された二つの世界が一体となるといったスタティック（静的）なものではない。「依報」である森羅万象《しんらばんしょう》も、「正報」という内発的な生命の発動を離《はな》れてあり得ないという極《きわ》めてダイナミックかつ実践的色彩が強いものであります。要は、その「正報」である〝内発的なるもの〟をどう引き出すか――。

「良心例学《りょうしんれいがく》」にならって、ごく身近な例で言えば、私も仏法者として、この精神にのっとって、例えば離婚の問題で相談を受けたような場合、「離婚する、しないは、プライベートな問題で、当然、本人の自由です。しかし〝他人の不幸のうえに自分の幸福を築《きず》く〟という生き方は仏法にはない。それを基準に考えてください」と答えております。

ジレンマをともなうそうした苦悩《くのう》と忍耐《にんたい》と熟慮《じゅくりょ》のなかにこそ、パスカル的意味での良心の内発的な働きは、善《よ》きものへと鍛《きた》え上げられ、人間関係を分断し、破壊《はかい》する悪を、最小限度に封《ふう》じ込めることができるのではないでしょうか。

そして、このような内発的精神に支《ささ》えられた自己規律《きりつ》、自己制御《せいぎょ》の心ほど、現代に必要なものはないと思われます。

それは、生命の尊厳《そんげん》のみならず、人間関係が希《き》薄化《はくか》しゆく世界に、ともすれば死語化さえ憂慮《ゆうりょ》されている友情、信頼《しんらい》、愛情など、かけがえのない人間の絆《きずな》をみずみずしく蘇生《そせい》していくために、貴重《きちょう》な貢献《こうけん》をなしうるにちがいないからであります。

ソクラテスにおいてそうであったように、その労作業は、広い意味で哲学の復権《ふっけん》であり、またそのような哲学の土壌《どじょう》の上に、ソフト・パワーの時代は、真にたわわな果実を実らせるでありましょう。

ともにそれは、ボーダーレス時代にふさわしい世界市民の勲章《くんしょう》ではないでしょうか。

私の敬愛《けいあい》してやまぬエマーソン、ソロー、ホイットマン等〝アメリカ・ルネサンス〟の旗手《きしゅ》たちもまた、そうした世界市民の一員だったのではないでしょうか。

最後に、私が青春時代に愛誦《あいしょう》したエマーソンの、友情を謳《うた》い上げた美しい詩の一節を皆さま方に捧《ささ》げ、私の話とさせていただきます。

私の胸は言った、おお友よ、
君ひとりゆえに空は晴れ、
君ゆえにバラは赤く、
万物は君ゆえに姿は気高《けだか》く、
この世ならぬものに見える。
宿命の水車のみちも
君の貴《とうと》さゆえに日輪《にちりん》の大道となる。

君の高潔《こうけつ》さは私にも教えた
私の絶望を克服《こくふく》すべきことを、
秘《ひ》められたわたしのいのちの泉《いずみ》は
君の友情ゆえに美しい。

（「友情」入江勇起男訳、『エマソン選集』2所収、日本教文社）

ご清聴《せいちょう》、ありがとうございました。

（平成3年9月26日　アメリカ、ハーバード大学）

池田大作（いけだ・だいさく）

1928年１月２日、東京都生まれ。創価学会名誉会長。創価学会インタナショナル（ＳＧＩ）会長。創価大学、アメリカ創価大学、創価学園、民主音楽協会、東京富士美術館、東洋哲学研究所などを創立。国連平和賞、ブラジル南十字国家勲章コメンダドール章、世界桂冠詩人賞など、受賞多数。モスクワ大学、グラスゴー大学、北京大学、デンバー大学など、世界の大学・学術機関から名誉博士、名誉教授等の称号を受ける。著書に『人間革命』（全12巻）、『新・人間革命』（全30巻）、トインビー博士との対談『二十一世紀への対話』、ゴルバチョフ元ソ連大統領との対談『二十世紀の精神の教訓』など多数。

21世紀《せいき》文明《ぶんめい》と大乗仏教《だいじようぶつきよう》　　レグルス文庫 235

2000年11月３日　初版第１刷発行
2019年７月21日　初版第４刷発行

著　者　池田大作《いけだだいさく》
発行者　大島光明
発行所　株式会社　第三文明社
東京都新宿区新宿 1-23-5　郵便番号　160-0022
電話番号　03(5269)7144（営業代表）
03(5269)7145（注文専用）
03(5269)7154（編集代表）
URL　https://www.daisanbunmei.co.jp
印刷所　明和印刷株式会社
製本所　株式会社 星共社

ISBN978-4-476-01235-4

REGULUS LIBRARY

レグルス文庫について

レグルス文庫〈Regulus Library〉は、星の名前にちなんでいる。厳しい冬も終わりを告げ、春が訪れると、力づよい足どりで東の空を駆けのぼるような形で、獅子座〈Leo〉があらわれる。その中でひときわ明るく輝くのが、このα星のレグルスである。レグルスは、アラビア名で〝小さな王さま〟を意味する。一等星の少ない春の空、たったひとつ黄道上に位置する星である。決して深い理由があって、レグルス文庫と名づけたわけではない。ただ、この文庫に収蔵される一冊一冊の本が、人間精神に豊潤な英知を回復するための〝希望の星〟であってほしいという願いからである。

都会の夜空は、スモッグのために星もほとんど見ることができない。それは、現代文明に、希望の冴えた光が失われつつあることを象徴的に物語っているかのようだ。誤りなき航路を見定めるためには、現代人は星の光を見失ってはならない。だが、それは決して遠きかなたにあるのではない。人類の運命の星は、一人ひとりの心の中にあると信じたい。心の中のスモッグをとり払うことから、私達の作業は始められなければならない。

現代は、幾多の識者によって未曾有の転換期であることが指摘されている。しかし、その表現さえ、空虚な響きをもつ昨今である。むしろ、人類の生か死かを分かつ絶壁の上にあるといった切実感が、人々の心を支配している。この冷厳な現実には目を閉ざすべきではない。まず足元をしっかりと見定めよう。眼下にはニヒリズムの深淵が口をあけ、上には権力の壁が迫り、あたりが欲望の霧につつまれ目をおおうとも、正気をとり戻して、たしかな第一歩を踏み出さなくてはならない。レグルス文庫を世に問うゆえんもここにある。

一九七一年五月

第三文明社

レグルス文庫／既刊

ラーマーヤナ(上)(下)	河田清史
大智度論の物語(一)(二)	三枝充悳
法華経現代語訳(上)(中)(下)	三枝充悳
仏法と医学	川田洋一
唯識思想入門	横山紘一
タゴールの生涯(上)(下)	K・クリパラーニ 森本達雄訳
中国思想史(上)(下)	森三樹三郎
ユングの生涯	河合隼雄
牧口常三郎	熊谷一乗
価値論	牧口常三郎
ガンディーの生涯(上)(下)	K・クリパラーニ 森本達雄訳
中論(上)(中)(下)	三枝充悳訳注
愛と性の心理	高山直子
精神のエネルギー	ベルクソン 宇波彰訳
内なる世界—インドと日本	カラン・シン 池田大作

ギタンジャリ	R・タゴール 森本達雄訳
創価教育学入門	熊谷一乗
ガンディーとタゴール	森本達雄
自我と無意識	C・G・ユング 松代洋一・渡辺学訳
外国文学の愉しみ	辻邦生
思考と運動(上)(下)	ベルクソン 宇波彰訳
食事崩壊と心の病	大沢博
生活に生きる故事・説話(インド編)(中国・日本編)	若江賢三 小林正博
生命文明の世紀へ	安田喜憲
ナポレオン入門	高村忠成
「人間主義」の限りなき地平	池田大作
調和と生命尊厳の社会へ	石神豊
ドストエフスキイと日本人(上)(下)	松本健一
魯迅——その文学と闘い	檜山久雄

レグルス文庫／既刊

舞え！HIROSHIMAの蝶々
――被爆地からのメッセージ――
創価学会青年平和会議編
平和への祈り―長崎・慟哭の記録―
創価学会青年平和会議編
柳生石舟斎　吉川英治
菊一文字　吉川英治
篝火の女　吉川英治
わが非暴力の闘い　ガンディー　森本達雄訳
非暴力の精神と対話　ガンディー　森本達雄訳
よくわかる日本国憲法　竹内重年
信教の自由と政治参加　竹内重年
現代に生きる法華経　菅野博史
教育の世紀へ　池田大作
トインビーとの対話　吉澤五郎

最澄と日蓮　小島信泰
地球平和の政治学　秋元大輔
〈第三文明選書〉
法華玄義(上)(中)(下)　菅野博史訳注
法華文句(Ⅰ)〜(Ⅳ)　菅野博史訳註
一念三千とは何か
―『摩訶止観』正修止観章　菅野博史
マハーバーラタ(上)(中)(下)
C・ラージャーゴーパーラーチャリ
奈良毅・田中嫺玉訳
詩集　草の葉　W・ホイットマン
富田砕花訳
ジャータカ物語(上)(下)　津田直子
『ギーター』書簡　ガンディー
森本達雄訳　森本素世子補訂